Gunnar Schanno

Die Glückssynthese

Dem Glücksbegriff auf der Spur

© 2014 Gunnar Schanno

Korrektorat und Satz:
Angelika Fleckenstein, spotsrock.de

Verlag: tredition GmbH, Hamburg
Printed in Germany

ISBN: 978-3-8495-9036-9 (Paperback)
          978-3-8495-9038-3 (E-Book)

Der Autor, Gunnar Schanno, ist Fachjournalist und Buchautor gesellschaftspolitischer Themen. Nach erfolgreicher Buchhandelslehre mit Abschluss in Freiburg im Breisgau studierte er Kommunikationswissenschaft an der Mainzer Universität, war dann als wissenschaftlicher Mitarbeiter in einem sozialwissenschaftlich-empirisch arbeitenden Institut tätig und danach langjährig in einem Wissenschaftsverlag. Für das Branchenmagazin *Buchhändler heute* war er regelmäßiger Autor. Er ist auch publizistisch aktiv in interkulturellen Gesellschaften.

Nach Buchveröffentlichungen in verschiedenen Verlagen publizierte der Autor bereits 2013 bei *tredition* einen kulturkritischen Zustandsbericht unter dem Titel „Das Buch im Griff des Internets". Er hat sich entschieden, seine ebenfalls kulturkritisch konzipierte Erörterung des Glücksbegriffs bei *tredition* mit dessen flexiblen Anbindungen an andere publizistische Plattformen zu veröffentlichen, und zwar sowohl als Printbuch wie auch als E-Book. Für den Autor ergänzt sich dies auch etwa mit seinen Verbindungen zu Online-Plattformen wie XING oder LinkedIn oder seinen Veröffentlichungen journalistischer Arbeiten bei verschiedenen News-Plattformen.

Inhaltsverzeichnis

Einstimmung

Was ist Glück? Ein Allerweltsbegriff, ein Begriff für Alles und Nichts, ein Jedem-das-Seine, ein Füllbegriff für alles Positive, ein Spontanbegriff für alles erwünscht Gefühlhafte, ein Wort für Überschwang, für allen Sinn-im-Leben, für aller Ziel und Streben, ein Zielstreben, ein *Persuit of happiness*, ein Verfassungsbegriff also in der Präambel der amerikanischen Verfassung. Glück als Wunschbegriff, als Schicksalsbegriff, Glück als Segensspruch, als hymnischer Wunsch – so wie in deutscher Nationalhymne Einigkeit und Recht und Freiheit als „des Glückes Unterpfand" besungen werden und „im Glanze dieses Glückes" das Vaterland blühen solle. Gerade weil das Glück dem Menschen so allzeitlich und allörtlich als Phänomen des Höchsten gilt, soll assoziativ herangezogen werden, was Glück als Begriff fassen lässt, soll auch danach gefragt werden, wie dem Glück auf die Spur zu kommen ist, sollen in den Fragen selbst Antworten und Anstöße zum eignen Nachdenken enthalten sein.

Wo unterscheidet sich der Glücksbegriff in der Summe seiner Merkmale von anderen ihm verwandten Begriffen? Lässt sich Glück als Begriff überhaupt fassen, ist er allein ein Gefühlsbegriff, lässt er sich von anderen Gefühlsbegriffen trennen, lässt sich dem Glücksbegriff verlässliche Deutung geben, wäre ihr nicht schon geholfen mit definitorischer Bestimmung? Folgt technischer Durchdringung des menschlichen Alltags nicht Entzauberung, Entmachtung oder Relativierung des Glücks und Ende seines zielhaften Anspruchs? Warum reden und schreiben alle vom Glück ohne viel zu fragen, was damit gemeint, darunter zu verstehen ist und sollte nicht doch einmal zusammengeführt werden, was den Glücksbegriff bestimmt und bedingt?

Glück – ein Thema ohne Ende

Wer vom Glück spricht, scheint immer nur auf dem Weg der Annäherung, nicht des Erreichens, geht immer über schwankenden Boden, hat es immer mit weichen Faktoren zu tun, versucht sich immer am Irrationalen, ist immer im Bereich des Unpräzisen, des Subjektiven, des Passageren, des Meinens, nicht des Wissens oder der Objektivität. Glück ist immer Erleben selbst, Erleben pur. Wenn gesagt wird, dass Wirklichkeit nur augenblicklich erlebbar, nicht wirklich denkbar sei, so muss Glück das Wirklichste sein, was es gibt. Glück ist früheste Erfahrung im Menschenleben, ist Primärerfahrung, Premiumerfahrung, von der das menschliche Wesen immer wieder erfüllt sein will. Darin ist Glück unhistorisch, nicht zu verorten in einer bestimmten Epoche, einer geschichtlichen Zeitspanne. Glück ist so zeitlos und unhistorisch wie Glaube, Liebe und Hoffnung, wie die Tugenden an sich, wie Werte an sich, wie die Kunst an sich – in welcher Färbung und Substanzhaltigkeit auch immer. Darin ist Glück Variable und Konstante zugleich.

Warum – und darum! so sei vorweg genommen - steht das Wort vom Glück so im Zentrum des Lebens, des Strebens, des letztlichen Ziels seit Antike bis hin zur Glücksformel, zum Mach- und Erreichbaren, steht im Fokus von Lehren, von Belehrungen, steht es im Zentrum des Subjektiven, des Individuums, des Religiösen, des Gemeinschaftlichen und – da wird es gefährlich! – des Gesellschaftlichen, des Staatlichen, des Ideologischen?

Was ist der Gegenbegriff von Glück? Freilich ist er das Unglück. Nichts Schlimmeres als zerstörtes Glück. Doch ist Abwesenheit von Glück nicht eher ein Normalzustand? Ist Glück nicht immer der Zustand des Besonderen, der Ausnahme, des Temporären, des Augenblicklichen? Kann als Unglück im Moment seines Geschehens nicht auch empfunden werden, was späterhin umwertend als *glückliche Fügung* erkannt wird? Kann als Glück im zeitnahen Erfassen nicht empfunden werden, was im weiteren und späteren Geschehensverlauf als Unglück zu werten ist. Ist denn Glück in dieser Relativität nicht ständig auch trügerisches Glück?

Glück – ein Fragen ohne Ende

Steht die Glücksfrage in Zusammenhang mit der Sinnfrage des Menschen? Lässt sich Sinn des Lebens denken ohne Glück? Ist es also nicht verbunden mit der Ganzheitlichkeit des Menschen? Ist Glück nicht immer ein gefühlhaftes Überwölbt-Sein des ganzen Menschen, das Enden allen Zwiespalts in ihm? Ist Glück selbst nicht unteilbar wie der Glaube, von immer gleichem Wesen, ob großes oder kleines, ob kurz oder lang währendes Glück? Ist Glück allein Erleben oder auch Erkennen? Ist es der erleuchtende Heureka-Moment des Ich-hab's im Augenblick des Erkennens? Ist Glück wie eine Fata Morgana, die sich dem Dürstenden auflöst im Moment der Annäherung an das glücksauslösende Moment? Ist Glück ein konstituierendes Element der Existenz? Kann der Mensch als Species nur für sich allein und auf sich bezogen von Glück sprechen? Konnte die Erforschung des Glücks als Zustand bestimmter psychischer Verfasstheit dem Glück rationalisierte, aufklärerische Komponenten hinzugewinnen? Ist Glück der ichbezogenste, der anthropozentrischste Moment der Existenz? Ist es wie die Helle des Lichts, das das Umgebende nicht mehr erkennen und unterscheiden lässt? Ist Glück immer in der Dimension des Absoluten, des vollen Erlebens des Menschen in seinen Extrempunkten, gerade so, wie mystische Erfahrung das Glück als größte Seligkeit in Gottes-Nähe erstrebt?

War gedachter und medialer Ort der Gefühlssynthese, war denn nicht auch Quelle und Ausgangspunkt des Glücks die unteilbare Seele? Wie kann von unterschiedlichem Glück gesprochen werden, wo mit ihm doch die höchste Ausprägung des Gefühlhaften und des Lebensziels gemeint ist? Ist Glück nicht der einzige Modus, um dessentwillen der Mensch sich Ewigkeit wünschte und, da doch im

Unglück nicht Ewigkeitswunsch sein kann, die Ewig-keits-Idee allein von der Glücksidee her ihren Aus-gang nahm? Ist Glück nicht Phantom, wo schließlich alles Geschehen immer dergestalt ist, wie es sich aktualisiert im Augenblick ohne Wenn und Aber, ganz nach hegelscher Manier, dass die Weltge-schichte die Gegenwart sei und alles, was ge-schieht, vernünftig? Was will Glück eigentlich gegen oder in Parallelität zur Vernunft, wo letztere doch unübersteigbar ist, sich in ihr alles nach Naturgeset-zen manifestiert, alles Abweichende und Naturwid-rige im Erfahrungsgang widerlegt wird?

Gehört das nicht zuletzt als göttlicher Existenzbe-weis erachtete Gewissen zu den werthohen Ele-menten des Glücks? Ist da nicht Glück so relativ ge-speist auch aus irrenden, von Gewissen unberühr-ten Momenten, wie auch gutes Gewissen gespeist sein kann aus Irrtum? Denn das Gewissen bietet keine Zuverlässigkeit eines Ausdrucks moralisch und ethisch überdauernder Werte. Es bildet sich aus im zeitlich je erreichten Erkenntnisgrad und al-lein im urwüchsigen Erfassen dessen, dass es sich regt im Tun von Taten, die ich letztlich an mir selbst nicht getan haben will. Was noch vor Jahrzehnten, vielleicht auch hier und heute mit gutem Gewissen geschah in Erziehung, Wissenschaft oder Politik oder ganz privatem Verhalten, ob an Mensch, Tier und sonstig umgebender Welt, gerne Umwelt genannt, dies kann im Zuge fortschreitender Erkenntnis zur gewissenlosen Handlung herabsinken und allgemeiner Empörung und Ächtung ausgesetzt sein. Dennoch sagt christliche Lehre, dass irrend aus Gewissen handelnd schuldlos geschehe. Das Sonderbare im Aufeinander-Bezogenen ist, dass Glück selbst als Phänomen inneren Erstrahlens immer auch vereint mit grundsätzlich gutem oder gut gemeintem Gewissen sich ereignet, weil in Zerrissenheit, in Zweifel, im schlechten Gewissen kein Glück erscheint.

Welche Konstituenten schaffen Glück? Ist Glück dem Geistigen allein verbunden? Kann das Materielle, kann das Geistige je allein oder nur in Gemeinsamkeit vereint Sinnträger für Glück sein? Schert sich das Glück überhaupt um Sinn? Kann vorausgesetzt werden, dass Glück zwar nicht aus dem Nichts entsteht, aber es Nichtigkeiten sein können, aus denen es entsteht? In welchen Abhängigkeiten steht es? Welche Faktoren müssen sich erfüllen in der Vorbereitung eines Zustands von Glück? Schließt Quelle des Unrechts, Entstehen aus dem Bösen vom Zustand des Glücks aus? Gibt es wahres und unwahres Glück? Kann wahres Glück nur im Kontext des Guten entstehen? Würde Glück seinen Namen aus der Quelle auch des Bösen verdienen oder ihn verlieren müssen? Hat Glück seine Sinnhaftigkeit verloren im Griff ökonomisierter, funktionalisierter, verwissenschaftlichter Machbarkeiten selbst im Reich menschlicher Gefühlszustände? Wird Glück geschenkt? Ist es bedingungslos? Muss Vorarbeit geleistet werden? Muss es im goetheschen Sinne erworben werden, um es zu besitzen?

Glück heute – noch der Fragen wert?

Fragen, die die Antworten suggerieren! Kann Glück präsentiert und verschenkt werden in medialer Teilnahme eines Millionenpublikums an Bildschirmen als Vergnügungs-Shows in monströser Glücksinszenierung von Paarzusammenführungen und Millionengewinnen? Sind für immer mehr Menschen nur noch Glücksdesigner am Werk, Animatoren der Seelenstimmung, der Glücksgenerierung mit dem Wunsch nach einem Immer-Wieder und Noch-Mehr? Werden individuelle, familial, regional geprägte, kulturell oder ethnisch aus tiefen Bewusstseinsschichten emporkommende Glücksbilder immer häufiger überlagert von vorgeprägten, klischeehaften Bildern und Assoziationen aus Pools von Agenturen, als Icons international vernetzter Marketingindustrie? Sind Vorbedingungen für das Glück kalkulierbar, global planbar als Ereignisorte von Disneylands, Erlebnisparks und geklonter Schauwelt von Konsumtempel? Ist Glück manipulierbares Produkt der Vernunft geworden? Ist es Ursprung oder Ergebnis?

Was verletzt Glück, was zerstört es? Was sind die Gegenkräfte? Treten Antipoden offen auf in den partiellen Gegengefühlen? Sind Antipoden verborgen im Verstandeshaften, im Analysierenden, im Verlust der Balance, in den Defiziten des Physischen, der Krankheit, in den Schicksalsschlägen, im Nachlassen der Vitalität, im Scheitern an der Wirklichkeit, im Mangel an Kraft zum Konstruktiven, im Missverständnis, in Ignoranz und Kenntnislosigkeit? Ist Glück nicht mehr als kurze Unterbrechung der Krise, jenem Dauerzustand also des unentwegten Handeln-Müssens, des Entscheidungsdrucks?

Kann man sich dem Glück versagen? Ist die Antwort darauf nicht, dass es kein wirkliches Sich-Versagen gibt, weil das Glück nicht antizipiert werden kann, weil die Vorstellung selbst, sich dem Glück versagt zu haben, schon ein Vorgang des Umwertens ist, vielleicht gar ein un- oder halbbewusstes Entscheiden für etwas, das mit Werthaftem verbunden zu sein scheint, wie Pflicht, Arbeit und Verantwortung? War es dann wirklich ein Sichversagen des Glücks oder ist es nicht ein Finden von Zufriedenheit und jenem guten Gewissen, die wohl die Vorstufen von Glücksempfinden sein können. Wird Glück also nicht als Wert gesehen, sondern vielmehr als Geschenk? Als Geschenk nämlich, weil es wie Würdigung, wie Ehrenbezeigung, wie unverhoffte Segnung eigenen Tuns erscheint.

Hat aber Glück als Ausdruck der Ganzheitlichkeit des Menschen ausgedient in Zeiten analysierender Fraktionierung, Partikularisierung von Psyche und Physis, im empirisch erforschten Wechselspiel von Reiz und Reaktion? Wird Glück als vollkommene Aufhebung des Widerspruchs zwischen Ich und Außenwelt nicht wieder in rationalistischer Sicht seiner universellen Größe beraubt? Wird Glück utilitär ersetzt durch Baukästen und Module aus Seminar-, Ratgeber-, Coaching und Therapie-Angeboten für Wellness, Karriere, Erfolg? Kann die Idee von Glück bestehen als das, was ihm seit Antikenzeiten nie abgestritten worden ist als alleiniger Modus letztlicher Existenzerfüllung des Menschen, als Verbindungsmodus zwischen konkret Seiendem und abstraktem Sein, zwischen Ratio und Emotio, zwischen Wirklichkeit und Idee, zwischen Relativem und Absolutem, zwischen Materie und Geist, zwischen Zeit und Unendlichkeit, zwischen Diesseits und Jenseits, zwischen Unvollkommenheit und Vollkommenheit, zwischen Menschlichem und Göttlichem?

Was sind die Konstituenten des Glücks?

Glück – wie es unisono konnotiert im allgemeinen Sprachgebrauch erscheint – ist ein Zustand, aus dem Kraft und Zuversicht gewonnen wird. Glück ereignet sich allein im positiven Kontext. Es steht nie mit Untugenden im Bündnis. Es ruft keinen Stolz,

keine Überheblichkeit hervor. Es ist nicht von Ego-
ismus und bösartiger Gesinnung bestimmt. Es
bleibt ungeteilt bei sich, ergreift den Menschen
ganzheitlich, hat nie Schadenhaftigkeit im Moment
des Wirkens und nicht im Nachhinein, weder für
sich noch für andere. Glück liefert keine Lösungen
fürs Leben, gibt keine Antworten auf Fragen. Es
lässt das glücksauslösende personale oder dingliche
Element in Ruhe, nimmt keine Richtung mehr auf
das Objekt des Glücksauslösenden, wie es als parti-
kulares Einzelgefühl das Begehren wäre. Glück ist
wie ein Aufblicken in die schöne Landschaft, das
Kraft zum beschwerlichen Weiterwandern gibt.
Glück ist wie Goldstaub, der im Sieb sich vom dunklen Erdgrund trennt, und Glücksmomente sind wie
die großen oder kleinen Segnungen zwischen Le-
benslast und Müh, die dafür stehen, dass alles Be-
schwerliche der Mühe wert war.

Deshalb kennt Glück auch keine Attitüde wie das
Tragische oder die Melancholie Es inszeniert sich
nicht, es ist da oder nicht da. Im Glück ist der
Mensch ganz bei sich, weil im Glück nichts abgespalten ist, immer alles umfasst. Glück ist deshalb
immer ernst, nie komisch, weil es sich nicht ver-
fremden kann. Glück muss nicht einmal entstehen
aus realen Zusammenhängen, muss nicht gebunden sein an das Faktische, an äußere Bedingtheiten,
nicht einzig an Gelingen und Erfolgserlebnis. Glück
ist nicht intellektuell, weil der Glückliche nicht in

Abhängigkeit vorausgehenden Verstehens geraten muss. Glück muss sich nicht verbalisieren, weil es nicht im Raum des Denkens geschieht. Glück ist unabhängig von Erfahrung und Erkenntnis, weder quantitativ noch qualitativ, aus ihm strömt nicht einmal Selbsterkenntnis. Es kreist allein im Innern des Selbst und ist dennoch basisdemokratisch verteilt, weil es anthropologisch in jedem verankert ist.

Glück ist souverän, weil es ohne Bindung an Ort und Zeit, weil es nicht notwendigerweise an äußeres Geschehen oder bewusstes Wollen gebunden ist. Es bedarf nicht einmal eines äußeren Anlasses wie Freude oder Fröhlichkeit, auch wenn sie freilich ihrerseits aus ihnen heraus wieder die Emanation eines Glücksgefühls auslösen können. Glück entsteht, wenn der Fall der Synthese positiv gerichteter Einzelgefühle da ist. Es verschwindet, wenn die Gefühlsmomente in andere Gewichtungen geraten und keine Ganzheitlichkeit und keine Synthese mehr bilden. Es vergeht, weil es instabil ist und sekundenschnell durchkreuzt, ge- und zerstört werden kann von unzählig vielen intervenierenden Elementen der realen und emotionalen Außen- und Innenwelt. Glück ist nicht demokratisierbar, wie die Utopie es wünscht, weil die Synthese immer individuell zustande kommt und auch in glückhaftest scheinenden Momenten der Einzelne glücksverlassen dastehen kann. Denn vor allem Glück – es sei einmal erwähnt – steht als ultimativ positives Phänomen für nichts als die schiere Notwendigkeit inmitten der Selbsterhaltung, der Sicherung des Stoffwechsels, der Inganghaltung der physischen Komponenten, dem Rappeln und Zappeln danach, nicht Hunger noch Durst, nicht Schmerz noch Unlust zu empfinden. In diesem Geflecht, inmitten dieser Konstituenten, vielleicht dazwischen und mittendrin bildet sich wie mithilfe epigener Botenstoffe eine amorphe, das Körperliche und das Ich einende und überströmende Glücksstruktur.

Glück steht immer im Modus der Veränderlichkeit und der Bewegung, der augenblicklichen, nur scheinbar unbewegten Balance, steht in bewusst wie unbewusst wirkender Strömung innerer Kräfte, die unentwegt zu unscheinbaren bis zu hochtürmenden Kulminationspunkten, zu Wellenbrechungen der Gefühlsströme, in Täler wie auf Höhen der Gefühlslandschaft führen. Wie beiläufig auch immer, ein Glücksempfinden kann nicht in Zaudern und Zagen entstehen, zwischen Grübeln und Skrupel. Da hilft alle Skepsis nichts. Der Mensch befindet sich in Spannung, Disharmonie und Unruhe, solange kein Entscheiden, keine Lösung, keine Gewissheit, keine Antwort, kein Durchblick sich einstellen. Dazu zählt auch jenes Lieber-ein-Ende-mit-Schrecken als ein Schrecken ohne Ende. Der Tageslauf ist eine Kette von Entscheidungen und alle stehen in der Kontinuität geglückter oder missglückter Momente und so auch im Rückblick besehen eines geglückten Tags, an dessen Ende die geglückten Momente die wesentlicheren sind, jene, in denen die gelungenen Einzelmomente sich fügen zu einer Synthese dessen, der wir den Begriff des Glücks zusprechen. Wir leben nur im Augenblick, wie es heißt. Wenn dem so ist, so scheinen Glücksmomente zu den seins-höchsten Augenblicken des Lebens zu zählen. Erst aber, wenn Erfahrung, Weisheit, Milde, Rückblicken, Wertung und Gewichtung hinzukommen im Laufe des Lebens, dann kann gar von einem geglückten Leben gesprochen werden, wie es sich zusammensetzt aus unmessbar vielen Einzelmomenten des Phänomens Glück. Ist Glück im Kleinen wie im Großen also nichts als ein komplexitätsreduzierendes Allgefühl?

Glück ist nicht vermittelbar. Es ist wie Glaube oder Liebe nicht nachvollziehbar außerhalb des eigenen Ich. Es gibt kein Teilhaben am Innenleben eines Menschen im Glück. Glücksempfinden eines anderen kann wohl über ein Mitschwingen, synchron, gefühlsverwandt geschehen bis hin zu den Extremen eines inszenierten Massenglücks im Miterlebnis mit Tausenden. Das individuelle Glück ist aber grundsätzlich ein gegenwärtiges Heraustreten aus dem Allgemeinen, vielleicht nur für Momente aus vielfältigem Beziehungsgeflecht, wie es Gemeinschaft und Gesellschaft bedingen Darin hat das Befassen mit dem Phänomen Glück etwas gemeinsam mit der Arbeit des Psychologen am je individuellen

Einzelfall, wo alle Abstraktion nichts hilft, wenn urpersönliche Bilder gefunden, individuelle Entlastungswege gesucht werden müssen. Glück selbst ist ein Modus, der den Intellekt überspringend Widerspruchslosigkeit schafft und unmittelbare Verbindung zur organischen Tiefen- und transzendenten Höhenschicht erreicht. Glück ist Medium zum Metaphysischen und zugleich Ursprünglichen, zum Ausgang und Quellgrund des Lebens.

Ist Glück eine Resultante schicksalhaften Geschehens?

Glück ist nicht einmal nachvollziehbar innerhalb des Ichs im Moment des Wirkens. Glück ist nicht messbar. Es ist immer Teil des Subjektiven und des Individuellen, greift nicht in äußere Zusammenhänge über. Weil es ganz innerlich und ganzheitlich ist, kann es nicht geteilt werden. Weil es nicht geteilt werden kann, ist es nicht wirklich instrumentalisierbar. Glück kann nicht gewollt werden, sowenig Liebe oder Glaube gewollt werden kann. Glück ist eine Resultante individuell geprägter Momente und schicksalhaften Geschehens. Weil dem so ist, ist es nicht lehrbar. – Gegenrufe werden laut bei solch behauptendem Diktum!

Was wir Glück nennen, kreiert sich grundsätzlich subjektiv und bewahrheitet, dass der Mensch immer ein Einzelner bleibt auch inmitten von Gemeinschaft und Gesellschaft und dass er ausschließlich oder begleitend aus tiefsten Quellen des ererbten Fundus, des Phantastischen, des Märchenhaft-Mythischen schöpft. Glücksmomente verteilen sich über den Tag aus kleinsten realen oder phantasierten Anlässen, innerlich motiviert, äußerlich sichtbar ausgelöst, mal unerkennbar, mal strahlend nach außen und immer dann, wenn strömende Empfindungen im Innern, und sei es nur sekundenhaft, aus ihrer Disparität zu lichtvoller Einheit gelangen.

Glück ist außerhalb der Zeit, denn es wird zeitlos und zeitvergessen empfunden. Glück ist fundamental. Es ist vielleicht die einzige Dimension, in der – wie in der Liebe – das Absolute, das Unendliche in des Menschen Leben tritt. Im Glück ist aller Widerstand aufgehoben, ist nur Erfüllt-Sein ohne Sollen und Müssen, ohne Tun und Aktion. Wie die Liebe ist, so ist auch Glück eine unsichtbare Kraft, ist der Zusammenhalt auseinanderstrebender Teile, ist ein anthropologisches Essential. Und letztlich vereint es individuell und überindividuell auf gleichen Bahnen die gefühlhaften Momente, kulminiert in einer von Synthese zu Synthese getragenen Identität. Glück als solch eine zwischen Sekundenhaftigkeit und Allzeitlichkeit, als ein Gesamtempfinden gehört zum Bestand der Metabegriffe der Menschheit – zeitmodisch darf ruhig vom Megabegriff gesprochen werden. Die Menschheitsgeschichte vollzieht sich in ihrem linearen Verlauf auf diese Art von Metabegriffen hin in asymptotischer Bewegung, fällt nicht zurück in zirkulären Schleifen auf vormalige Zustände und Bewusstseinsstufen, nimmt Richtung auf sie, so wie sie dastehen als Triumvirat von Würde, Freiheit und Gerechtigkeit.

Steht Glück unter Voraussetzung höchster Werte?

Wir kommen nicht umhin, Glück in den Zusammenhang von Begrifflichkeiten zu stellen, und zwar im Kreis jener uns lebensnah betreffenden höchsten Wertstufe, wie es Würde, Freiheit und Gerechtigkeit sind. Die Begriffe sind abstrakt, nicht konkret, sie sind nicht greifbar, aber von einer Wirkung wie die Naturgesetze. Die Menschheit hat eine Erkenntnishöhe erreicht, die diese, lassen wir die englische Wortvariante zu, *Basics* in den Mittelpunkt ihrer Verfasstheit gestellt hat. Wer sie leugnet, siedelt zwischen Ignoranz und Böswilligkeit. Es gibt keine Ausrede, keine Entschuldigung, keine Rechtfertigung für eine Verletzung dieser *Basics*, dieser Werte, wie sie dastehen als besagtes Triumvirat von Würde, Freiheit und Gerechtigkeit. Diese Werte stehen denn auch in enger Verwandtschaft mit dem des Glücks und in gleicher anthropologisch zu deutender Unaufhebbarkeit. Die Menschheitsgeschichte strebt auf die Menschenrechte zu. So erratisch muss es gesagt werden, ohne Wenn und Aber, ohne positivistisches Zerreden, ohne rechtfertigend-missbräuchliche Legitimierung durch den Kulturbegriff, ohne rücksichtnehmende Bedenkenhaftigkeiten, ohne ein Ausspielen von Ideal gegen Wirklichkeit, von Subjektivität gegen Objektivität. Die Pole existenzbestimmender Kräfte haben ihre Synthese innerhalb der Ganzheitlichkeit des Menschen. Immer ist es in der Synthese, in der der Mensch erfasst wird, so wie Identität und Integrität allein aus Synthese und Ganzheitlichkeit entstehen. Die Menschenrechte als Ausdruck ganzheitlicher Sicht des Menschen sind keine Erfindung im Umfeld der französischen Revolution anno 1789. Sie sind eine von vielen Kulminationspunkten und Folge von Erkenntnisströmen vorausgegangener aufklärerischer Elemente aus griechisch-römisch-christlichen und verbunden damit humanistischen Quellen und immer neuen wissenschaftlichen Erklärungsmustern aus sich verselbstständigender und institutionalisierter Forschung und ihre Verbreitung in immer weiteren damit befassten Bevölkerungskreisen.

Im Begriff der Menschheit wird auf einen kollektiven Bestand des Gemeinsamen zurückgegriffen. Wie zu den Gründungsvätern des naturrechtlichen Prinzips gehört Aristoteles als Pionier eines zunehmenden Erforschens und Erkennens des auf das Menschsein hin bezogenen Faktischen, des Realen, der Wirklichkeit, der unentwegten Annäherung mit den Mitteln der Erkenntnis und somit letztlich auch der Annäherung an die Wahrheit. Es ist auch eine Annäherung unter der klassischen sokratischen Prämisse, dass der Mensch über Wissensaneignung als erzieherische Maßnahme, sodann über Erkenntnis als verpflichtendes Resultat und weiterhin über die Anwendung der Tugenden über sein Ich hinaus wirken kann – für sich selbst, für die Polis, für die Politik, die Gesellschaft. Alle Wissensdetails sind sodann wie Mosaiksteine im Gesamtbild des Menschen.

Der Ganzheitlichkeit entspricht auch ihre eigenartige Seite des Menschen, dass er alle Merkmale in sich trägt. Er ist Erfahrender, Lernender, Fühlender, Beurteilender, Denkender, künstlerisch Wahrnehmender. Diese in jedem Menschen grundsätzlich angelegte universale Ganzheitlichkeit ist es, die die ganze Unsinnigkeit seiner Reduktion deutlich werden lässt, nur ein Arbeiter, ein Bauer, ein Untertan, (einst) ein Sklave, ein Lohnabhängiger, ein wie immer exklusiv Privilegierter zu sein. Diese Ganzheitlichkeit ist also Wesensmerkmal des Menschen als Person im Individuellen und im Sozialen, und damit auch im Rechtlichen und Politischen. Der Würdebegriff selbst erklärt sich nur aus dem Begriff der Ganzheitlichkeit. So ist Verletzung der Würde des Menschen auch Verletzung seiner Integrität, seines gesamten Selbstwertgefühls, seines Selbstbilds, ja, sogar des Menschen als Wesenseinheit. All diese Prämissen, diese Standards haben gewissermaßen die Menschheit erreicht in den Statuten und Deklarationen universeller Menschenrechte der Vereinten Nationen oder der Europäischen Union. Das gängige Diktum, dass Wissenschaft nichts mit Werten zu tun habe, vor allem aber Werte aus allein religiös-sittlich-ethischen Quellen stamme, muss unter sachlogischen Aspekten relativiert, wenn nicht revidiert werden.

In diesen Essentialen, diesen Basics, dieser Universalität, dieser Wertehierarchie spiegeln sich also die Konstituenten menschlichen Seins, seiner Selbstwahrnehmung, seines Sinnziels, seines Schicksals – zumindest in pragmatischer Nähe und nicht in willkürlich auszulegender Vieldeutigkeit. Die Gründungsväter der amerikanischen Verfassung, Philosophen, die sie im besten Sinne waren, gelangten ohne politische, nicht einmal juristische Umwege auf die Zielgerade allen menschlichen Strebens in besagter Formel vom *Persuit of happiness*, vom Recht auf Streben nach Glück. Die Gründungsväter des deutschen Grundgesetztes haben, Erkennende, die sie aus Erfahrungen vorangehenden schrecklichen Geschehens waren, über alles positivistische Gesetzeswerk das im rechtsphilosophischen Werk von *Gustav Radbruch* (1878-1949) bedachte naturrechtliche Prinzip der Menschenwürde gestellt, an der sich alle Rechtsprechung messen lassen muss.

Aus innewohnender Logik ist Recht, gerade in positivistischer Sicht, immer erbarmungslos. Konkret wird dies an Beispielen für Urteile nach Buchstabenrecht. Schrecklich kann eine legal zum Zuge kommende Rechtsanwendung in Urteilen werden, von denen ein Richter in der Rechtfertigung des „Ich konnte nicht anders nach Recht und Gesetz" sich dispensieren kann, nämlich von Urteilen, die aller Vorstellung von Gerechtigkeit Hohn sprechen. Der Erbarmungslosigkeit ein Korrektiv zu geben, das war die Entscheidung der Grundgesetzväter zur Aufnahme jener aus der dem vorstaatlichen Naturrecht stammenden Würdeformel im Grundgesetz.

Gibt es eine Legitimität des Glücks? Wenn es unter Voraussetzung höchster Werte entsteht, dann steht es auch in Zusammenhang und unter Anspruch des immer in Legitimität stehenden Guten. Wir verlassen sogleich den philosophisch-religiös gesättigten Begriff des Guten und setzen dafür Teilaspekte, wie das Konstruktive, das Positive, das Wahrhaftige, das Förderliche, das Empathie-Zeigende. Verlöre Glück seine Legitimation unter Voraussetzung des Bösen? Würde unter schlechter Quelle ein Glücksempfinden seine Legitimation verlieren? Verlassen wir wiederum sogleich den philosophisch-religiös gesättigten Begriff des Bösen als wertwidrige Verkehrung des Seins-Sinns und setzen an seine Stelle als Teilaspekte das Destruktive, das

Negative, den Verrat am Wahren, das Unwahrhaftige, das Niederdrückende, die Gefühlskälte, die kriminelle Tat. Konkreter: Kann ein aus Betrug und Lüge entstandener personaler Gewinn den Träger glücklich nennen? Ist Glück gefährlich, wenn im Rausch der Glückliche alle Vorsicht verliert für Gefahren und für den Absturz? Auf die Frage, ob zu den Gegenkräften des Glücks der Neid gehöre, ist die Antwort schon gegeben in Begriffen wie jenem der Neidgesellschaft – Neid auf den Erfolgreicheren, den Besserverdienenden, den allgemein Begünstigteren, den als glücklicher Gedachten, also Neid als dem Inhalt von Dingen, die man selbst zu haben begehrt. So setzt auch die Missgunst, die nicht einmal auf das Gut des anderen gerichtet ist, das Geglücktere beim Rivalen irrtumshaft gleich mit dem Glücklichsein, sei es im beruflichen, sei es im privaten Alltag. Nur im Missverständnis dessen, was Glück ist, tut sich die alte Polykrates-Frage auf aus Friedrich Schillers Ballade vom „Ring des Polykrates" und im Angesicht von Macht und Reichtum und zugerufen von den Zinnen des Palasts dem Freund jenes „Gestehe, dass ich glücklich bin!"

Wäre einem nach allen Regeln vernünftigen Handelns, mit allen denkbaren Tugenden ausgestatteter Mensch, ein nie vom Weg der Tugend abweichender des Glücks fähig? Könnte der Mensch noch Glück erahnen, wäre er jeder Unsittlichkeit unfähig, würde er immer das Gesollte tun, in alter Wort-wahl, das Naturgesetz erfüllen, das Gute wollen – wäre er ein Glücklicher zu nennen? Wie ließe sich Gutes abgrenzen vom Bösen, wenn es nur Gutes gäbe, wie Glück abgrenzen von Unglück, wenn es nur Glück gäbe? Ist also der Himmel als Ort immer-währender Glückseligkeit ein erstrebenswerter Ort? Müsste nicht, sollte das Glücksversprechen großer Weltreligionen im Jenseits wahr werden, der Mensch ein ganz anderer, müsste er den Polaritä-ten seines Wesens zwischen Freud und Leid, Freude und Trauer, Erwartung und Erfüllung, Glücks- und Unglücksempfinden gänzlich entkommen sein. Oder müsste er eben doch in gewohnter Nähe des-sen bleiben, was ihm Unglücksempfinden erlebbar sein lässt, um himmlischer Glückseligkeit überhaupt fähig zu sein? Als Frage und Antwort zugleich: Ist doch die Dimension des Glücks und des unablässi-gen Strebens danach nichts als ein Ausdruck orga-nischen Wirkens unablässigen Strömens aller Sub-stanzen, Energien, Kräfte im inneren und äußeren Kreislauf des Ichs in notwendiger Richtung Balancen und Harmonien und in ihrer Synthese auf Glücks-empfinden hin. Die Dimension des Glücks ist umfas-send das, was das einzige, was allumfassendes or-ganisches Prinzip des Lebens darstellt: Sich als Or-ganismus in den optimiertest fähigen Wirkungsgrad zu begeben und einzupendeln, wie er sich wider-spiegelt im zur Synthese gelangten Gefühlskosmos des Glücks. Im noch unwissenden Erspüren solcher

Bedingtheiten formte sich die religiös wie weltlich imaginierte Idee von der glückhaft empfundenen Harmonie in der Ordnung des Kosmischen, einer kosmischen Ordnung in den Makrostrukturen des Weltenalls und in polarer Sicht bis hin zu den zunehmend erfahrungs- und erkenntnishaltigen Strukturen der Ordnung in den Mikrobereichen des Lebens.

Mit Tugend auf dem Weg zum Glück?

Ist der Weg zum Glück ein Stationenweg? Führt er über die Pfade der Tugend des je individuellen Lebenswegs, die auch so häufig identisch oder in Parallele verlaufen zum Glücklich-Werden auf den Pfaden religiöser Sehnsuchtsziele? Es ist die antike Tradition von Ethik und Moral, den Wert der Tugend zu bemühen, wenn es um das Wohlsein des Menschen geht, um seine Glückseligkeit. Warum von Tugend reden, fragen wir uns heute, wenn das Glück sich im allgemeinen Meinen der Menschen so leichthin einstellt wie Freude an einem köstlichen Mahl. Verweilen wir beim Wert der Tugend, so sie nicht nur gelehrt, sondern auch gelebt wird, weil doch auch heute der tugendhafte Mensch sich näher im Zustand von Zufriedenheit, Ausgeglichenheit, Vertrauenswürdigkeit, der Verantwortung verpflichtet weiß, er für vorbildhafter gehalten und geschätzt wird, als der reine Erfolgs- und Machertyp, nach dessen allseits bewunderten Höhenflug sich der Absturz, das Ausgebrannt-Sein, vielleicht gar die öffentlich-medial geoffenbarte Verfehlung inmitten oder am Ende des Wegs zum Erfolg einstellt.

Führt also der Weg zum Glück über die Pfade der Tugenden in den Zustand der Weisheit, der Einsichten, der Unabhängigkeit von materiellen Gütern (*der wohlhabende wie weise römische Staatsmann Seneca war so klug, nicht die Besitzlosigkeit zur Glückstugend zu zählen, vielmehr das Streben allein nach innerer Freiheit von materiellen Gütern*), und den Einsichten folgend der Selbsterkennung und sodann erst zum Glück? Muss denn noch bewiesen werden, dass tugendhafte Werte wie Solidarität, Gemeinsinn, Toleranz, Friedfertigkeit, Ehrlichkeit (im Unterschied zur leicht in Vermessenheit geratenden Wahrheitsliebe), die Fundamente im staatsbürgerlichen Umfeld festigen helfen? Gehören selbst schon einfach vorgelagerte Tugendformen wie Höflichkeit, Rücksichtnahme, Mitgefühl zu den Elementen glücksvorbereitender Bedingungen? Mut, Ritterlichkeit oder Ehrgefühl: Diese mögen schon wieder in ihren jeweiligen nationalen, vaterländischen, sippenhaften, ideologischen Kontexten fragwürdig erscheinende und Tugend genannte Haltungen sein, die in der Geschichte überall hin, vielleicht von Sieg zu Sieg, nur nicht in die Unschuld eines unbeschadeten Glücklichseins geführt haben.

Denn besonders da, wo Menschen versammelt sind unter Dächern des Gesellschaftlichen, des Nationalen oder Staatlichen, wird es gefährlich für das Glück. Die Historie lehrt und Europa liefert unzählige Beispiele, wie damit zusammenhängende alte Freund-Feind-Prinzipien, das übliche Sieg-Niederlage-Verständnis die monströsesten Unglücks-Szenarien geschaffen haben. Es gereichte immer zu Lasten des militärisch Besiegten gegen den Sieger, des Okkupierten gegen den Hegemonialen, des ethnisch Schwächeren gegen den Stärkeren, des Kolonialisierten gegen den Kolonialisierer, den Sklaven gegen den Sklavenhalter, den religiös Durchsetzungsschwachen gegen den Durchsetzungsstarken, den zivilisatorisch Retardierten gegen den zivilisatorisch Progressiven, des technischen Habenichts gegen den technisch Ausgestatteten. Wenn die hegemonial Herrschenden sich auf den angestammten Territorien der Beherrschten niederlassen, da wird die Geschichte zur Geschichte von Freiheitskämpfen, von Terror und Gegenterror – bis ins dritte Jahrtausend. So hat es also der Mensch trotz aller Tugend- und Glückslehren nicht vermocht, Not und Leid aus der Welt zu schaffen. Und immer wieder erfahren wir im Einzelfall, wie selbst der tugendhaftest lebende und lehrende Mensch in tugendlose Zwistigkeiten gerät.

Untugend jedenfalls verschließt den Weg zum Guten, isoliert aus friedlicher Gemeinschaft, reißt aus dem Frieden nachhaltigen Gestaltens des Miteinanders, sät Unfriede und Zwietracht, sucht den Weg in eigener, glückswünschender Vorteilssuche zum glücksmindernden, wenn nicht –vernichtenden Schaden anderer, führt *ad infinitum* immer in Gewissenspein, Enttäuschung und Entlarvung, verlässt den Kreis des Konstruktiven für sich selbst und für das Gemeinschaftliche, stört menschliche Ordnung als Spiegelbild der göttlichen. So ist gewissermaßen die Tugend selbst immanent in der Ordnung des Kosmischen, Tugendlosigkeit aber in der Unordnung des Chaotischen. Untugend in der Gemeinschaft ist im verwandten Bild zur Unordnung wie Krankheit im Körper. Sie ist immer Störung von Teilen im Zusammenspiel des Ganzen, verletzt immer dem Menschen und dem Kosmos innewohnendes Angelegt-Sein hin auf optimierende Funktionalität. Untugend ist, religiös gesprochen, immer im Reich der Sünde und also des Bösen angesiedelt.

Vollkommendes Glück im Bund mit dem Vollkommenen

Immer war es denn dieses organisch und auch metaphysisch gedachte Anteilig-Sein und konstruktive und optimierende Wirken am Ganzen, was der Mensch als seine Rolle am Plan Gottes erkoren und transzendiert hat – in welcher Irrtümlichkeit auch immer. Und in Umkehrrichtung hat er daraus den

Ruf Gottes erkannt, dass der Mensch das göttliche Werk nicht in Unordnung stürze, sich an ihm als göttlich-liebend-höchste Instanz nicht versündige und auch nicht sich versündige an sich selbst als Mensch und höchstes Geschöpf Gottes. Gott hat dem Menschen zwar nicht die Vollkommenheit geschenkt, aber die Freiheit in Nischenräumen des Kausalen.

In neuzeitlicher Sicht des Menschen liegt sein Streben nach Vollkommenheit allein noch im Erreichen der Vollwirklichkeit seiner naturbedingten Anlagen, nicht in möglichst vollkommener Erfüllung göttlich geoffenbarter Gebote. In der Welt sein ist aber auch immer des Menschen Versuch, ihr in all seiner Unvollkommenheit gerecht zu werden, wiewohl in all seiner Freiheit auch die Versuchung groß ist, zum besagten Eigennutz erhofften Glücks und unter Hinnahme von Unglück anderer zu handeln. Mit dem Ruf nach Freiheit ist aber auch immer die Vorstellung verbunden, mit ihr den Schlüssel zum Glück in der Hand zu haben, der Selbstentfaltung freien Lauf lassen zu können, in erstickenden Zwängen nicht in Resignation fallen zu müssen. Allein in der Idee der Freiheit liegt Freiheit, in ihr ist immer Quelle des Glücks und des Unglücks, stammt sie doch aus dem Sündenfall des Menschen und seiner Vertreibung aus einem Paradies, in dem nur Bewusstlosigkeit, Passivität, Unreflektiertheit, Erkenntnislosigkeit, Entscheidungslosigkeit, kreatürliche Instinkthaftigkeit, nichts als tierliche, wohlig-empfundene Unfreiheit das Leben jenes Adam und jener Eva bestimmt haben mussten.

Alle religiös geprägten Formen der Askese, des Eremitentums, der Exerzitien, der meditativen Klausur, der mystischen Versenkung sind oft verzweifeltes, nachparadiesisches Bemühen, aus dem Bann irdischer Schwere zu entkommen, die Welt von sich zu stoßen als dem Ort von Schaden und Sünde am eigenen Leib, sich der Welt zu entfernen und dem Allmächtigen zu nähern, das Ideal der Reinheit im göttlichen Raum zu suchen und zu finden, der Vollkommenheit näher als der Unvollkommenheit zu sein, im Mystischen selbst mythisch zu werden, die Trennung zwischen Gott und Mensch zu überwinden, in seiner Nähe die Glückseligkeit erreicht zu haben. Hat Gott sich gar den Menschen erschaffen, um selbst Glück erfahren zu können in einem deterministisch und also glücksunfähig waltenden Kosmos?

Für den Menschen jedenfalls ist die Versuchung groß, im Glückswunsch die Beziehung zu Gott auf direktestem Wege über das Mystische zu erreichen, sich Umwege über Vernunft und Verstand zu ersparen, die Barriere des Faktischen niederzureißen. Mehr noch: Des Menschen Wunsch, das Glück in die Mitte der Gemeinschaft seinesgleichen und der zu Gott zu holen, es jederzeit als geoffenbarte Wahrheit in Gebet und Ritual erreichbar zu haben, es von hohen Türmen auszurufen, mit tönendem Glockenwerk über die Menschen hin erschallen zu lassen. Die Versuchung bleibt groß, das Glück aus dem Zentrum des Einzelnen in das kollektive Gemeinschaftliche zu erweitern, das Gemeinschaftliche nicht mehr zu unterscheiden vom Gesellschaftlichen als der organisatorisch-sozialen Gesamtheit des Gemeinwesens, das Gesellschaftliche nicht mehr zu trennen vom Staatlichen, das Religiöse nicht mehr vom Rechtlichen und Politischen. Glaube wird Anfang und Ende, wird Garant der Glückseligkeit, wird Verbindungsmodus eins-zu-eins mit der Ewigkeit, dem Paradies. Die Versuchung ist groß, die Wahrheit in Wesensgleichheit mit dem Glück auch mit irdischer glückhaft empfundener Erfahrung in eins zu setzen und für wahr zu erklären, was sich zu bewähren schien als Tradition, als Ritus, als verkündete Lehre, als angewandte Regeln, als Dogma, als Kanon, als Lex – vielleicht nur als die des Stärkeren – und als Diesseits mit dem Jenseits verbindender Ordo.

Glück im Widerstreit zwischen Glaube und Vernunft?

Der in Vernunft und Wissenschaft geltende Grundsatz des Fortschreitens, des Zuwachses an positiver, also sach-, genauer faktenhaltiger Erkenntnis gilt nicht im religiösen Kontext, ist auch nicht Sache des

Strebens nach Glück. Wenn Glaube und Vernunft in Widerspruch geraten, dann im Unvereinbaren zwischen glaubensbedingter Statik des Religiösen und verstandesmäßig dynamisch sich vollziehender Erkenntnissicht des Menschen. Vielleicht wandeln aber doch beide, Glaube und Vernunft, im gleichen Raum, wollen nichts als Einigkeit mit der Welt im Erkennen, streben beide nach Eins-Sein mit der Wirklichkeit, wollen zum einen über den Weg grenzenlosen Vertrauens und Glaubens an die Offenbarung, zum anderen im Ringen zunehmenden, wenn auch nie ganz von Erfolg gekröntem Wissen und Erkennen, so doch in immer größere Nähe zur selben Wahrheit gelangen. Der Mensch – ob glaubend oder zweifelnd – will immer fliehen aus glückszerstörendem Irrtum, aus Lüge, aus Enttäuschung, aus Ignoranz, aus Ungewissheit.

Es ist also auch eine Verwobenheit der beiden Wege, nie gänzlich getrennt – so gerne der Ungläubige sich möglicherweise forsch als Atheist bezeichnen mag, und der Gläubige als Erleuchteter – beide befinden sich im Modus emotionaler Anverwandlung von Wahrheit und Wissen, im Rezeptiven über eine gefühlhafte Verbundenheit im übergeordneten Erkenntniszusammenhang. Nur in Momenten eines Harmonieempfindens, und sei es noch so sekundenhaft, zwischen innerer Vorstellungswelt und äußerer Weltvorstellung vollzieht sich ein Eröffnen in die Dimension des Glückhaften, ereignet sich die

Synthese einer positiv besetzten Vielfalt an Gefühlen, bildet sich Freude am Geoffenbarten, am Erkannten, am Vermitteln den Mitmenschen gegenüber, vielleicht des Stolzes über eigene Beständigkeit und Leistung im Erreichen von Wissen und Erkenntnis, des hinzu gewonnenen Vertrauens in Gott und die Welt, des konstruktiven Handelns im erweiterten und gestärkten personalen Status, im Miteinander am Bauen einer heilen Welt in minimal kleinen und maximal größten inner- und intermenschlichen Begebenheiten.

Erreichen schuldfreien glückseligen Zustands wird, so je eigene religiöse Sicht im Spiele ist, in einem Mehr oder Weniger an Distanz zu Gott erblickt, in einem je unterschiedlichen Grad der Einheit mit Gott – sei es, dass ein christlich-göttlicher Funke sich in der ahnend werdenden Seele des Menschen entzündet, sei es in der Selbstsicht völliger Nichtigkeit gegenüber der Allheit Gottes und somit der Notwendigkeit völliger Unterwerfung des Menschen unter göttlichen Willen. So Gott will, würde der Mensch aufgenommen werden zu ihm in die Glückseligkeit seiner göttlichen Nähe. Christliche Trostbotschaft ist, dass Weg und Tor zum Glück auch durch Schuld nicht verschlossen bleibt, sobald Reue und Vergebung hinzutreten.

Wäre der Mensch vollkommen, er könnte des Glücks entbehren. Erst die Unvollkommenheit lässt ihn zum Glück als höchstem Gut streben, lässt ihn

Bindung suchen an göttliche Allmacht. Alle Religion – bleiben wir in Zusammenhängen der christlichen – steht im Verhältnis zu Glück: Das Glücksgefühl der Gnade, der Vergebung, der Erlösung, des Heils, der Gottesliebe, die Nähe zur Wahrheit, der Verheißung ewigen Glückseligseins im Paradies, das Überwinden von Leid, Tod und Endlichkeit, das Transzendieren in die Ewigkeit, die das Glück vorbereitenden Tugenden.

Der geoffenbarten Wahrheit und dem Glauben daran traut der Mensch denn auch stets eine direktere Annäherung an den Glücksmodus zu als den eigenen Verstandeskräften und Erkenntnisquellen. Sich in Sicherheit wiegen versetzt allemal in glückseligere Stimmung als im nagenden Zweifel, im ständigen Mühen um Erkenntnis, die letztlich immer anfechtbar bleibt. Alle Religion steht aber auch im Verhältnis zum Unglück, ist Drohung von Glücksentzug: Das Unglücksgefühl des Verstoßen-Seins, der Sünde, der Schmach der Unvollkommenheit, des Bangens vor dem Tag des Jüngsten Gerichts, dem Fegefeuer, dem ewigen Verdammtsein, der Hölle.

Glück allein aus ichbezogener Heldenhaftigkeit?

Führt im Umkehrschluss alle Tugendlosigkeit ins Unglück? Ja, sie führt ins Unglück. Aber es ist so, dass Tugendloses, wie es unrechtes Handeln ist, als das Versagen, einer Person oder einer Sache gegenüber das Angemessene zu tun, in vielen der Fälle solchen Handelns nicht rasch genug ins Unglück stößt. Die Folge tugendlosen Handelns kann gleichwohl schnell als Ermahnung, als Missbilligung, als Strafe, als nach Recht und Gesetz einsetzende Verfolgung der Straftat, so es eine ist, auf dem Fuße folgen. Der Tugendlose, so er auch im Sinne eines Rechtsbrechers zu sehen ist, würde immer der Strafe ausgesetzt sein, könnten die Mühlen des Gesetzeswerks nur lange genug mahlen (oder schnell genug wirken). Da dem nicht so ist, da der Tugendlose vielleicht wie ein grinsend Sieghafter das Tatfeld der Welt verlässt, haben die Menschen aus einem tief angelegten, letztlich immer wirkenden Rechtsgefühl heraus seine Bestrafung in das Leben nach dem Tode gesetzt, haben sich Genugtuung verschafft, dass die Buße folgen wird, der natürlichen Ordnung, also der Gerechtigkeit Genüge getan wird. Schließlich ist Tugendlosigkeit immer auch Vermessenheit des Menschen gegen die Ordnung der Natur, also auch gegen die gleichgeartete Natur im andern. An die geradezu organisch und gedächtnishaft wirkende goldene Regel jenes Füge-anderen-nicht-zu, was dir nicht zugefügt werden soll, sei erinnert.

Lange Zeit legten die Menschen die vielen Naturkräfte in die Hände vieler Götter. Es kam aber die Zeit, da der Mensch sich als Halbgott zwischen seinesgleichen und die Götter stellte. In aller Fehlbarkeit, die er auch den Göttern, ob griechischen oder germanischen, zuschrieb und eingestand, kamen sie sich in die eigenen Reviere immer angestrebten apotheotischen Glücks. Der Neid der Götter traf die Menschen, da sie der Hybris ihrer Halbgötterschaft und ihres Heldentums, der Anmaßung gegen das Höhere, gegen die Götterwelt verfielen. Homers Ilias und Odyssee sind wahre Bühnen gegenseitiger Widerspiegelung der Menschen in den Göttern und der Götter in den Menschen. Das Heldentum wurde aber allein den Menschen zugesprochen. Warum? Weil sie die Unvollkommenen sind, die nur in der Bewährung, im Streben nach Vollkommenheit und Unbedingtheit ihre Heldenhaftigkeit erreichen können.

Das alles fand ein Ende im Erkennen des Tautologischen, des Erkennens nämlich, dass der Himmel keiner Widerspiegelung des Treibens auf Erden bedarf, dass Widerstreit und Zwist unter den halballmächtigen Schöpfern nicht einen einheitlichen Kosmos, keine angestrebte Harmonie, kein naturmächtiges Ineinandergreifen, keinen Organon hat schaffen können, dass aus der Vielzahl göttlicher Quellen, aus eifersüchtig gehüteten Bezirken imperfekter Götterfiguren zwischen Dionysischem und Apollinischem, zwischen Olymp und Hades keine Einheit, kein wahres dem Geschöpf verantwortetes Schöpfertum aus monomedialer Quelle, kein Heil, kein Glück entstammen konnte.

Jede besagte aus Untugend stammende Untat würde ja *ad infinitum* ans Licht des Tages kommen. Wäre das Gedächtnis der Menschheit akkumulativ und ohne Grenzen unabhängig von Zeit und Fassungsvermögen, kein Individuum würde der Überführung jeglicher seiner schlechten Taten entgehen. Der Mensch ist seit Urbeginn seiner Geschichte – um nicht ins Spekulative vorgeschichtlicher Verfasstheit seiner Natur zu geraten – der immer gleiche geblieben. Auf der Basis seiner naturgegebenen Reflexivität und des Bewusstseins seiner selbst war seine Vorstellungswelt, auch von sich als Wesen, immer transzendierend. Selbst im eigenen Lebensverlauf gerät er in die Phase, da er der zeitlichen Dimension und eigener Vergänglichkeit gewahr wird, da er den Wunsch hegt, noch vor Lebensende sich eine selbsthistorisierende Dimension zu verleihen, die eigene Vergangenheit, ja, die Geschichte selbst aufzusuchen in Bildern, in biographischen und zeitgeschichtlichen Dokumenten, in frühen Erlebnisorten, in Begegnungen – es seien ganz konkret die alten Freunde, die Senioren-, die Klassen-, die Familientreffen, die selbstheroisierende Sicht auf Arbeit und Leistung im vergehenden Leben genannt, die geglückt und glückhaft empfundenen Phasen seines Lebens über das Ende hin zu retten. Das Verlangen, Held im eigenen Leben gewesen zu sein und mehr noch, die eigene Existenz punktuell nicht in und mit sich selbst verlöschen zu sehen, sondern im Blick und Erinnern der Andern erweitert und wahrgenommen transzendiert zu wünschen, das realisiert sich allein im Bewusstwerden des Endlichen.

Glück im Streben nach Heil und Erhöhung?

So haben auch des Menschen in Bilderwelten gesetzte, aus innerem Erhöhungsverlangen entstehende Entlastungswünsche immer die gleiche Richtung eingenommen. Das Religiöse ist geblieben, was es war: Ein Sehnen des Menschen danach, dass all sein Tun und Lassen geheiligt würde. Heiligen ist immer Erhöhung, immer Überstrahlung eigenen Tuns, ist immer verbunden mit Glücksempfinden. Warum geheiligt? Weil der Mensch ein Bewusstsein seiner selbst hat, weil alles Freud und Leid doch nicht umsonst sein kann, mit ihm im Nichts, im absoluten Vergessen enden wird, weil doch sein verzweifeltes Ringen auf Erden von höherer Warte aus segnend aus Nichtigkeit und einem Alles-Umsonst entrissen werden muss. Sah der Mensch doch sein Handeln immer im glückshaften und glückszerstörenden Spannungsgeld zwischen Gerechtigkeit und Ungerechtigkeit, zwischen Wunsch und Wirklichkeit, dem Unvollkommenen und Vollkommenen, zwischen dem Zeitlichen und dem Ewigen, dem Wandel und dem Bleibenden, dem Endlichen und dem Unendlichen, zwischen sich als Geschaffenen und dem der geschaffen hat, dem Geschöpf und dem Schöpfer.

Recht galt immer in seinen Ursprüngen in engem Verhältnis zu Gott stehend – sowohl im heidnischen als auch im christlichen. Die Logik darin ist die Verbindung des Gottesbildes: als dem Schöpfer kosmischer wie daraus abgeleiteter irdischer Ordnung. Im heidnischen Rechtsverständnis, etwa dem germanischen, stand freilich der Rachegedanken, die Ehr- und Treue- oder Friedensverletzung, Ausfechten im Kampf, meist um das Recht des Stärkeren, stand das Fehderecht mehr im Vordergrund als das, was im christlichen Verständnis dann Schuld und Sühne, Strafe für Störung gottgewollter Gemeinschaft, Buße und Vergebung den Weg zum heutigen Rechtsverständnis wies. Und nirgends gewann der Ordnungsgedanke höhere Wertigkeit als unter Gottes Primärgeschöpfen, den Menschen. Stören des Rechts ist also Stören der Ordnung, so wie Krankheit als Störung physischer Ordnung empfunden wird, Stören des göttlichen Friedens ist also Stören der Voraussetzung für Wohlergehen und im Idealfalle eines glückseligen Lebens in Gemeinschaft und Gesellschaft.

In eigentümlicher Ambivalenz und in menschlicher Macht ungeheuerlichen Reflektierens aber wurde der Mensch selbst Schöpfer seines eigenen Gottes, formte sich eine Idee in Ähnlichkeit, schaffte sich ein Bild vom Allmächtigsten, pflanzte ihm seinen innigsten Wunsch nach Vollkommenheit in Ewigkeit ein, erkannte er sich selbst im Bild seines Allmächtigen, übertrug ihm auf Erden unerreichbare absolute Liebe, absolute Gerechtigkeit des Strafens und Vergebens und der Gnade, erkor ihn zum Schicksalsherrn über Glück und Unglück im Diesseits und im Jenseits, hatte sich mit ihm den mächtigsten Verbündeten geschaffen, hatte den Verbindungsmodus zum Ewigen hergestellt. So hatte er sich als ein nie Glück auf Dauer Findender, als ein Ruhe- und Rastloser auf Erden eine ewige Glückseligkeit bietende Bleibe im Himmel geschaffen, machte sich den existenzhaft unbeweisbaren Gott zum denkbar vollkommensten Geschöpf, erhöhte sich selbst im göttlichen Über-Ich, nahm Gottes Diktum von der Ebenbildlichkeit des Menschen mit Gott in kühner Umkehrung wörtlich und wurde in der Schaffung Gottes der Schöpfer seines höchsten Glücks.

Glücksmaximum allein im monotheistischen Prinzip?

Vielleicht ist der Glücksgrad in der Zweierbeziehung Gott-Mensch höher als in allen anderen Gottes- und Schöpfungsvorstellungen. Der Mensch ist sich der Idee sicher, in sich selbst alle Stufen des Seins vom

Vegetativen über die Vielfalt des Organischen und des Geistigen bis zum Transzendenten vereinigt zu sehen. Solche Idee, die Wirklichkeit erkannt und für das eigene Ich erfüllt zu sehen, ist immer ein glückhafter Vorgang. Der Mensch, angelegt auf das Du, nirgends so intensiv in Gespräch, in Gebet, in Liebe wie mit einem identifizierbar einzelnen Gegenüber, nie sich so unendlich verstanden fühlend, nie so verzweifelt missverstanden wie im direkten bipolaren Miteinander von Mensch zu Mensch, Individuum zu Individuum und nun gar im dialogischen Miteinander von Geschöpf zu Schöpfer, das ist Maximum des Lebens und der Glückssynthese. In direkter dialogischer Beziehung zum Allmächtigen verliert das numinos Schicksalhafte, das Ausgeliefertsein an unverstandene Schicksalsmächte an Kraft. Der Strom körperlicher, geistiger und seelischer Energie unverzweigt zum einzeln Anderen gerichtet, nicht polytheistisch, nicht pantheistisch sich verströmend, im Multilog sich entkräftend, den Haltsuchenden verwirrt zurücklassend, fand der Mensch im Prinzip des Monotheistischen einen mächtigen Verbündeten wie nie zuvor.

Eroberungswille, Durchschlagskraft, Heldenmut sind Merkmale monotheistischer Reiche, wie sie als christliche und islamische aufeinander stießen, sich im Dienste eines Höchsten zu wähnen, in dessen Auftrag sich zu fühlen, sein Reich wachsen zu lassen, das andere zu unterwerfen, sein höchstes

Glück darin zu suchen, in seiner Liebe und seiner Gnade zu stehen. In monomedialer Konzentration auf das Höchste hin bündelt sich alle Intensität, können alle singulären Einzelgefühle mächtig in Synthese treten zu einem einzigen Megagefühl, dem des Glücks. Sie können es mächtiger als in dezentralen kompromisslerischen Beziehungsgeflechten, durchschlagender in all der Orientierungssicherheit zentraler Gerichtetheit von Person zu Person, von Liebendem zu Liebendem, aber auch in Umkehrrichtung vom Hassenden zum Hassenden, vom Beherrschten zum Beherrschenden, vom Gläubigen zum Ungläubigen, vom Gläubigen zum Angebeteten. Es sind Gottes- und Herrscherreiche der klaren Linien, wo Sünde noch Sünde ist, Schuld noch Schuld, Reue noch Reue, Strafe noch Strafe, Vergebung noch Vergebung, Gnade noch Gnade, Wahrheit noch Wahrheit ist.

Der Monotheismus, die vom Einzelgott und Einzelherrscher geführte Gesellschaft, ist laut und lärmend. Sind die Glücksformen in ihr auch lauter und lärmender als in poly- und pantheistischer Gemeinschaft, in der buddhistischen, in der Welt des Zen, des Shinto? Kriegs- und Huldigungsgeschrei, großes Predigertum, frenetischer Beifall, lautes Glücksbekunden gehören zum Szenischen, wenn das Bild und die Kraft eines einzigen Gottes, eines einzigen Herrschers vor dem Menschen stehen. Allein wohl im Mystischen herrscht Ruhe wie im Auge des Orkans, ist stilles Ringen nach dem Absoluten, ist Suche nach der Unio mit dem Allmächtigen, ist Versinken in der *unio mystica*. Alle religiös-monotheistischen Versuche des Erfassens Gottes in Worten zwischen Vollkommenheit und einem Unfassbaren, einem Absoluten und Allmächtigen, dem Reinsten und dem Lichtesten: Alle münden in Begrifflichkeiten dessen, was als die auf Erden nie, im Paradies aber erhofft erreichbare Glückseligkeit gilt.

Vielleicht auch waren die monotheistischen Religionen so wirkmächtig in ihrem hierarchischen Vorbild für analoge politische Systeme, die Konzentration auf eine Führungsperson, um nicht zu sagen einen Führer, einen Sonnengott, einen Gott und Kaiser, einen Gottkaiser, auf eine Gestalt hin, ob göttlich oder weltlich oder beides in eins, waren also den diffusen, polytheistischen, pantheistischen so überlegen, weil sie in glücksbringender Kraft auf ein personales Ziel hinführten. Götterkult und Führerkult: Bis in die spätsozialistische Epoche eines Väterchen genannten Despoten, bis hin zu albanischen, rumänischen aus paradoxem Atheistentum sakral-heilshaft sich gerierenden Potentaten hatten sie ihre Wiedererstehungen. Die Versuchung war immer groß für hierarchisch an die Spitze gelangende Herrscher auch der zweiten Hälfte des zwanzigsten Jahrhunderts gottkaiserliche Züge anzunehmen. Alleine schon überdimensionierte Herrscherbilder der Mächtigen, seien es die aus Libyen oder dem Irak. Und im neuen Jahrtausend glaubt die informierte Weltöffentlichkeit ihren Augen nicht zu trauen, begannen sich wieder Potentaten zu gerieren, als seien in ihrem Herrschaftsgebiet Land und Volk ihr Eigentum und müssten unter Androhung von Zerstörung und Vernichtung allein nach ihrem Gutdünken und aus ihren Händen alles Glück fließen.

Glück im destabilisierenden Prozess der Differenzierung?

Es sei aber hinzugefügt, dass die Gottesgestalt im Christentum sehr bald nach jesuanischer Zeit ihrer erratischen, unhinterfragbaren, unangefochtenen Absolutheit dem Zwiespalt ausgesetzt wurde. In differenzierender, gleichrangig werdender Auseinandersetzung, aus der letztlich Toleranz entsteht, wurde die Gottesgestalt immer konsequenter und grundsätzlicher dem Denken ausgesetzt, der Spekulation, unterschiedlicher Perspektiven, dem Disput zwischen *advocatus dei* und *advocatus diaboli*, dem Disput, sagen wir, zwischen Papst und Kaiser, zwischen Glaube und Vernunft, zwischen Gläubigen und Nichtgläubigen. Gottesvorstellungen changierten und konkurrierten seit Kirchenväterzeiten, seit Auseinandersetzung mit griechischer Philosophie, seit Scholastik, seit Humanismus, seit Trennung in katholischer und protestantischer Glaubens- und

Kirchenlehre, seit Etablierung theologischer Fakultäten, seit dem Verlassen der schuldlos-mythischen Welt im Maße wissenschaftlichen Erkenntniszuwachses. Die laserartige Verbindung, der direkt gerichtete Strahl im unzweifelhaften Abbild Gottes auf den Menschen gerichtet, die Eindimensionalität im Verhältnis Gott und Mensch ist aus christlicher Perspektive gewichen und hat Raum gegeben für duldendes – hoffentlich auch gegenüber konkurrierendem monotheistischem Machtbegehren nicht indifferentes – Zulassen anderer Lebens- und Glaubensentwürfe für Ertragen von Kritik, für Rückzug aus physischem Durchsetzen gotteskriegerischer, glückszerstörerischer, kreuzzüglerischer, missionaristischer Ziele und – in politischer Dimension – für das Demokratieprinzip der auf erkenntnisbasierten Sachlichkeit gründenden Toleranz.

Gewissermaßen sind Papst und Kaiser, Kirche und Reich, Sakrales und Säkulares, Geistlichkeit und Weltlichkeit wieder zueinander gekommen in gegenseitiger Ergänzung des Kirchlichen mit dem Staatlichen, des Gemeinschaftlichen mit dem Gesellschaftlichen, des religiös Kulturellen mit dem rational Zivilisatorischen in einem Aufeinander-Angewiesen-Sein im alles überwölbenden Reich des Glücksvorbereitenden und Glücksfindenden menschlicher Gemeinwesen. In ihr ist Toleranz nicht Gewähren-Lassen von gemeinschafts- und gesellschaftszerstörender Intoleranz, sondern gegenseitige, souveräne Haltung, das Vielfältige, das Unterschiedliche, das Exotische, Ungewohnte, das Fremde gewähren zu lassen. Ein Gewähren aber nicht besagter fanatischer Haltung, der diskriminierenden, verfälschenden, faktenleugnenden Drohung. Und weil wir beim Begriff des Glücks sind, so endet Toleranz da, wo im anderen rachevolle Glückszerstörung aufkeimt. In früheren Jahrhunderten war Intoleranz im akzeptierten Sinne institutionalisiert. Sie war es guten Gewissens in rechtlichen inquisitorischen, hochnotpeinlichen Regelungen, auf städtischen Scheiterhaufen unter sensationssuchender Augenzeugenschaft intoleranter Volksmasse und ist es bis in unsere Tage geblieben in einer Gerichtsbarkeit, die sich in vorauseilendem Gehorsam gegenüber politischer Führung in pseudojuristischer Rabulistik bedient.

Glück in den Koordinaten der Sachlichkeit?

Unsere Zeit ist dennoch in der vorteilhaften Lage, in allem Meinungsstreit auf einen immensen, von Forschung und Wissenschaft bereitgestellten Fundus an Kenntnis und Erkenntnis, wie dies seinen Niederschlag auch in vielen transnationalen juridischen Werken gefunden hat, zurückgreifen zu können. Aus dieser Sachlage hilft es, dass das Fanatische, das schadenhaft, nicht selten um des eigenen Vorteils willen Intolerante, im Nu entkräftet werden kann. Von fernher, aus griechisch-römischen und kirchenväterlich-christlichen Zeiten, leitet sich schließlich der Toleranz- und Menschenrechtsgedanke ab, wie er sich in der Heutzeit etabliert hat aus jener philosophisch-theologischen Betrachtung der *similitudo*, der Ähnlichkeit. Es ist der Mensch, verstanden als Gleicher untereinander und im allgemeinsten Sinne in Ähnlichkeit und Verwandtschaft stehend zum Sein, will heißen, zur Natur und zu Gott. So können wir in unserem Heute diese glücksstabilisierende Betrachtungsweise durchaus mit Dankbarkeit aufnehmen. Die Toleranz als moderne Kardinaltugend, als Haltung aus der Perspektive der Sachlichkeit müsste es also nicht über die Maßen schwer haben, in den Koordinaten einer faktenreichen Welt den Prozess der Humanität und des Demokratischen stärken zu helfen. Formale Toleranz muss also nicht einmal mehr Verbindung mit glücksnahen Begrifflichkeiten wie Menschenliebe und Menschenwürde suchen, weil doch auch dem Humanitäts- und Toleranzgebot durch sachliche Nähe zum erkenntnisbasierten Sachverhalt Genüge geleistet wäre.

Im Politischen steht Toleranz jedenfalls in ausdrücklicher Wechselhaftigkeit zum Demokratischen. Voraussetzung für eine durchgängige Haltung in Toleranz ist die durchgängige Haltung der Anerkennung der Gleichheit der Menschen. Wer etwa sozialisiert ist in der Vorstellung von Ungleichheit der Menschen, nämlich als solche im Besitz der Wahrheit und solcher ohne Wahrheitsbesitz, in qualitativer, seins-bestimmender Trennung von Gläubigen und Ungläubigen, oder zwischen dynastischem Herrschertum und Volk, oder nächstliegend zwischen den Geschlechtern, in dem wird sich das Toleranzprinzip nur schwer verinnerlichen.

Die Demokratie, und besonders die wehrhafte, Intoleranz abweisende Demokratie, hat es besonders schwer als die vielbesagte schwierigste Regierungsform unter den Menschen. Sie hat es schwer, weil sie nicht zuständig ist für das Glück der Menschen, weil es in ihr keine Zentralgestalt auf Dauer gibt, und schon gar nicht auf tausend Jahre, auf die hin die Massen ihr Glücksziel richten könnten, von der aus das Heil über sie kommt, aus deren Händen sie Glück empfangen könnten. In der Demokratie hat der Staat aufgehört, ein über seinen Einzel-Subjekten und deren Rechten stehendes Gesamt-Subjekt zu sein, im hegelschen staatsvergottenden Sinne den absoluten Geist zu repräsentieren, der einzige Hort und Verwirklicher für das Bestimmungsziel des Menschen hin auf Glückseligkeit zu sein. Denn allein die Demokratie als Staats- und Gesellschaftsform entgeht der Erstarrung durch ihr alle Bürger freiheitlich erfassendes dynamisch-ausbalancierendes Kräftespiel.

So hat die Demokratie emanzipatorische Voraussetzungen und Bedingungen zu schaffen, den Boden zu bereiten, dass ein glückliches Leben im Gemeinschaftlichen entstehen kann. Das ist nicht spektakulär, aber im Ergebnis wird dem Glück in keiner Herrschaftsform so breit der Boden bereitet wie im demokratischen, konsensgeleiteten Multizentrismus. Das Gemeinschaftliche, in dem auch weiche Faktoren wie Gefühl, Stimmung oder Atmosphärisches für das Zusammensein bestimmend sind, alles, womit Erleben verbunden ist, woran auch das Herz hängt, ist aber – gemeinschaftlich subjektiv, wie es ist – auch besonderer Wandelbarkeit ausgesetzt. Das Gesellschaftliche hingegen ist stabilisiert und objektiviert von Strukturen, Apparaten und in vom Staat bereitete gesetzliche Grundlagen. Das Gesellschaftliche fragt nach Ursache und Wirkung. Am Gesellschaftlichen hängt nicht das Herz, allein am Gemeinschaftlichen, in dem das Fragen nach Ursache und Wirkung ganz hintanstehen. So liegt also im Kontext von Gemeinschaft auch die Wandelbarkeit, ist sie doch Wesensmerkmal von emotional geleitetem und generationenabhängig unterschiedlichem Bedürfnis nach Zufriedenheit, Gemeinsamkeit, Gerichtetheit privater trend- und modeabhängiger Lebensformen und Lebensstilen zwischen Spiritualität und extrovertierter Eventkultur. Persönliche Erfahrung, Enttäuschung, Erfüllung, Motivation bestimmen auch jene übergreifende Ausprägung von Suche und Finden persönlichen Glücks bis in die *Social media* hinein. So wirkt also Dynamik und Wandel im gemeinschaftlichen, sozialen, kulturellen immer auch in das Gesellschaftlich-Staatliche hinein, wird in seiner politischen Gestaltung mitgenötigt von Rhythmus, von Bindungs- und Zerfallskräften gemeinschaftlicher Gesellungsweisen, wie sie auch mit den Erscheinungsformen der *Communities* identifiziert werden.

Glück als gestaltlose Größe?

Vermehrt sich das Glück also mit zunehmender gemeinschafts- und gesellschaftsstärkender von Toleranz und Offenheit geprägter Tugendhaftigkeit, wie sie demokratische Gesellschaften sichtbar erkennen lassen? Schaffen individuell selbstverantwortete Reife als ein Von-sich-selbst-Absehen-Können, Selbstzucht, Selbstkritik, Selbstdisziplin einen höheren Grad von Glückseligkeit? Tugend, so sagt die Tugendlehre seit Sokrates, stehe in Übereinstimmung mit dem sittlich Guten. Und sittlich Gutes steht in Übereinstimmung mit dem sachlich Guten. Bei Immanuel Kant ist das sittlich Gute auch Pflicht um der Pflicht willen, denn das Handlungsziel soll gut sein. So gälte auch auf das Glück bezogen, dass die Erwartung nicht gelten darf, dass gutes Tun in Tugend mit Glück belohnt werden muss. Aber es gibt auch die kantische Stelle, wonach erst aus dem Ziel der Glückseligkeit heraus urselbst alle Motive des Handelns entspringen. Wundert es da, dass bis ins Heute das Thema vom Glück kein Ende findet? Wie

Kunst und Glaube oszilliert und changiert, so schimmert auch Glück immerzu gestaltlos in allen Formen und Farben, wird es unkonkret zeit- und ortsbezogen mit stets anderen lebensgeprägten Inhalten gefüllt, nimmt es in amorpher Weise als Zielpunkt immer neue Gestalt an.

In jedem Fall soll aber das Ziel von übergeordneter Vernunft, also übergeordneten Werten geleitet sein. Gelingen und Erfolg stehen nicht in unserer Macht, daran kann das Gute nicht gemessen werden. Beim Kirchenvater Augustin ist das Gute das, was mit dem Willen Gottes, konkret also mit den kirchlichen Lehren aus heiligen Schriften übereinstimmt. Fast kantisch klingt bei Augustin, wenn er sagt, dass Absicht, Wille und Handeln wichtiger als das Werk seien. Pragmatisch war immer schon Aristoteles, weil er den zeitlichen Verlauf des guten Tuns aus tugendhafter Gesinnung ins Spiel bringt und davon spricht, dass es sich bewähren muss, dass Handeln und Ideen fundiert sein müssen in Erfahrungen, in physikalischen Gesetzen, in empirischer Sichtweise. Thomas von Aquin kam um Aristoteles nicht herum und verband die sittliche mit der sachlichen, die subjektive mit der objektiven Seite guten Tuns, da das eine nicht ohne das andere seinen Sinn findet. Ein weites Feld müsste betreten werden für unzählige Überlegungen zur Frage nach bösem Handeln und ob es aus sittlichen Motiven zu rechtfertigen sei, ob nach jesuitischer Regel mancher Zweck auch die Mittel heilige, ob das Glück des Einzelnen zerstört werden dürfe zum Zwecke des Ziels der Allgemeinheit.

Wenn also die Bausteine des Lebens, geformt aus physischen und aller Art von seelischen Komponenten, stabil sind und gut gefügt, so müsste das Bauwerk Mensch nicht so schnell aus den Fugen geraten, brauchte den Menschen es nicht so schnell aus der Fassung, nicht sogleich in den Stürmen des Lebens ins Wanken bringen, könnte er sich seiner guten von Tugend und Haltung gesicherten Statik erfreuen und als menschliches Wesen Zuversicht in glückhafter Lebensgestaltung empfinden.

Funktioniert aber das Glück in dieser Weise? Die Antwort sei Ja, wenn wir es nicht als feste Größe bemessen, wenn wir bereit sind, ihm eher den Charakter eines Fluidums zuzusprechen, es wie unsichtbare Materie wirken lassen. Wir vermögen ja nie, uns auf direktem Wege den Dingen zu nähern. Wir sind weder material eins mit ihnen, noch erkenntnishaft auf identischer Spur. Der Mensch muss sich im konkreten Vollzug des Sich-Befassens mit einem Ding, und auch mit einem Sachverhalt immer auf verstehensgefährdende und konfliktbildende Momente einstellen. In solcherlei Missverständnis und Konflikt liegen deshalb immer auch glückssgefährdende Momente. Nur Momente, nur Sekunden des Scheins der Identität mit den Dingen, den Sachverhalten, also auch Augenblicken eines gefühlten

Einssein mit Menschen im situativen Erleben, lassen Glück entstehen, genauso wie Momente, Augenblicke der Störung es im Nichts verschwinden lassen können.

Glück als naturabhängiges Phänomen?

Eine Zwischenbetrachtung zu ihr, der Natur. Denn hier kommen Konstanten der Natur und damit des Menschen ins Spiel. Wie der Mensch, so erhält auch das Glück allein von der Natur seine Kraft. Der Mensch arbeitet sich immer an der Natur ab. Aller Scharfsinn, sie verändern zu wollen, endet im Trugschluss. Sie existiert nach unveränderlichen Gesetzen auch ohne ihn. Aus ihr strömt dem Menschen primär keine Freiheit zu. Sie ist Abgeschlossenheit, System, sie ist unüberholbar, sie ist konkurrenzlos. Diese Unabhängigkeit der Natur lässt den Menschen ringen und verzweifeln, siegen und scheitern zugleich. Die Natur ist des Menschen Schicksal. Er ist aus ihr gebildet und geformt, er produziert aus ihr, er hat nur die Natur als einzige Quelle des Lebens. Sie ist ihm Wirklichkeit und Rätsel, Subjekt und Objekt. Ihren Gesetzen ist er unterworfen bis in die einzelnen Lebensphasen hinein. Er muss die Natur ertragen, ihre Macht dulden, denn sie bevorzugt ihn nicht. Weder die innere, die ihn der Gesundheit wie der Krankheit aussetzt, noch die äußere, die sich ihren Weg über Leichen bahnt, wenn sie dazu getrie-

ben wird, der Ursache die Wirkung folgen lässt. Wenn ihm auch oft genug die Ursache aufleuchtet, so muss er doch ihre numinos empfundenen Konsequenzen tragen. Der Mensch ist Teil der Natur, in ihren unveränderlichen Gesetzen verfangen und gefangen, und ist dennoch in der Lage, sie und sich selbst in Außensicht wahrzunehmen, wie im Traum sich neben sie und sich selbst stellen und beobachten zu können, sich ihrer zu bewältigen in Zahl und Regel und ist wider alles Mühen und Hoffen nicht in der Lage, Herr über sie zu werden. Die Natur stellt die Regeln auf, nicht der Mensch. Aus diesem Sachverhalt mag aber der naturhafte Mensch auch Entlastung fühlen darüber, dass er nicht alle Bürde tragen muss, dass nicht alles Tun und Lassen, alles Misslingen, alles schuldlos schuldige Unrechttun, alle Verfehlung, er sich nicht alle daraus entstehende Glücklosigkeit selbst zuschreiben muss. Sinngebung aus der Natur gibt es nicht. Sie ist Vielfalt der Dinge, sie ist Teil und Ganzes, sie ist Chaos und Ordnung. Sie ist im Kleinen, was sie im Großen ist. Sie ist Raum und Zeit, Seiendes als real Gegebenes und dessen Gesamtheit im übergreifenden Sein. In ihrer Gesamtheit ist sie dialektisch ziellos und zielstrebig zugleich. Die Natur gibt keine Antworten auf Fragen, sie ist sich selbst in undurchtrennbarer Kausalität. Der Natur ist das Individuum nichts, die Species alles. An der Species der Menschheit selbst erkennen wir, dass ihr Fundus für sie die Art, die große

Zahl, das verschwenderische Werden und Vergehen ist.

Philosophisch gestimmte Neurowissenschaftler mögen dem nahezu unendlich verschalteten Zerebralen des Menschen das Ursache-Wirkung-Prinzip abstreiten, weil das Mess-Instrumentarium für die neuronale Mikrowelt nicht zur Hand ist. In der Aufhebung des Ursache-Wirkungs-Prinzips allein aber, folgt man der Logik, entstehe die gewünschte Freiheit, genauer Willensfreiheit, entkomme menschliches Handeln dem Gesetz der Determiniertheit, sei Freiheit davon, auf Aktion nicht festgelegte Reaktion folgen lassen zu müssen. Entscheidung in Freiheit bestehe allein dadurch, dass die Richtung einer Determination bestimmt werden kann. So muss denn Freiheit zunächst innere Freiheit sein, verstanden als der Herstellung von Harmonie zwischen Einsicht und Willen, und äußere Freiheit als bewusster Wahl der Entscheidung unter Gegebenheiten der Einwirkung von außen. Geschieht Freiheit als Handeln in Ausrichtung hin auf Werte und Tugenden? So wäre sie also gestellt auf jenes breite Fundament, auf dem die Persönlichkeit sich entwickelt und ruht, führte aus Zwängen, entließe aus Verstrickungen, ersparte Enttäuschungen, gäbe Kraft zu souveräner Entscheidung zwischen Möglichkeiten.

In der gänzlichen Determiniertheit entstände schließlich kein Zwiespalt zwischen Wahlmöglichkeiten, nicht die sprichwörtliche Qual der Wahl. Die

Wahl nicht mehr austauschbarer Mittel, selbst die Wahl aus sich bietender Vielfalt, die Zwänge im konkreten Handeln mögen noch im Raum des Indeterminierten liegen. Doch die Phase, in der Vorentscheidungen fallen, in der zwischen Höherem und Niederem gewählt wird, die Phase, in der noch Rangordnungen in den Werten gesetzt werden können, Unsachlichkeit als ungutes Gefühl sich im schlechten Gewissen niederschlägt, die Negativität, die im Bösen liegt, erkannt werden kann, dies ist die Phase im Bereich des Indeterminierten, also der Freiheit. Die Frage wäre zu bedenken, ob ohne Freiheit überhaupt ein Zustand der aus innerer Erfüllung stammenden Glückseligkeit eintreten könnte, ob es ohne Freiheit nicht nur bliebe bei jenem wohligen Empfinden, wie es beim Tier entsteht, wenn es für Augenblicke schmerzfrei und geborgen seine innere und äußere Ruhe gefunden hat.

Da mag Gotteshand wirken und den Menschen aus dem Naturgeschehen ins Land der Willensfreiheit hinaus geleiten. An dieser Schnittstelle allein kann auch das geschehen, was Glück genannt wird. Es spricht der alte philosophische Wunsch, dass erst in freier Selbstbestimmung und im Selbsterkennen, im Übersteigen des Ursächlichen die Fakten zu Werten werden können, das Handeln sich teilen kann in Sachlichkeit und Unsachlichkeit, in Tugend und Untugend, dass in der Folgenabwägung des Handelns sich das Gute vom Bösen trennt, das Sachliche vom Unsachlichen, dass nicht Instinkt regiert, sondern Haltung und Tugend die Motive bilden, dass erst in solchen Zusammenhängen Glück im Gelingen entstehen kann.

In der Eigentlichkeit ist der Kampf mit der Natur immer aussichtslos, immer unversöhnlich, kann immer auch daseins- und glückszerstörend sein, wenn auch der Mensch bestrebt ist, alle Natur auf sich hin zu versammeln, sie vereinnahmt und objektiviert, sie auch zurückstößt und sich aus der Abhängigkeit zu ihr befreit, die Fesseln der Natur wegsprengt, unabhängig von ihr sich wähnend und sie im Schaffen der Technik als vergegenständlichte Natur umschafft wie kein anderes Wesen. Letztlich aber kann der Mensch, so folgert die Kulturlehre, nur überleben in einer eigentümlichen Symbiose, in der er seine erste Natur mit der zweiten Natur verknüpft, kann nur in der Symbiose der primären Natur mit der über sich hinausweisenden Kultur als der zweiten Natur bestehen gegenüber der grundsätzlichen Vollkommenheit, wie sie die erste, die unüberholbar erste Natur repräsentiert.

Glück zwischen Entweder-Oder?

Ist es zu fern der Analogie, das Naturhafte des Kosmischen auch im Menschen in eine Ähnlichkeit zu setzen? In beider Natur ist doch Streben nach einem Idealzustand im Sinne von Gleichgewicht, zwischen Formen des Chaos und der Harmonie. Im Kosmischen hat sich der Mensch seine Nische geschaffen. Letztlich nimmt ja auch all sein Tun, all sein Handeln, jede noch so unscheinbare Tätigkeit ihre Richtung auf ein Mehr oder Weniger des Zustands im physio-psychischen Gleichgewicht, dem Ausgleich der Extreme zwischen Chaos oder Harmonie, und weil wir es vom Glück haben, dem Suchen und Finden eines mehr oder weniger erreichten Zustand des Glücks.

Der Begriff des Tugendhaften, der so antik daherkommt, ist ja nur eine werterhöhende, also ethisch gedachte Seite menschlichen Handelns in der Vorstellung, die Tugenden seien über Wege von Bildung und Ausbildung der über die Natur hinweg öffnende Schlüssel in die Dimension des Glücks. Die Menschen sehen nun in all ihrer Verweltlichung, in ihrer Säkularisierung im Reich des Geistes die Dimension des Glücks stärker in Verbindung mit dem Reich der Natur als mit dem Reich Gottes. Klug ist, wer beide Reiche nicht trennt und überwölbt sein lässt von der Meta-Macht eines aus beiden Quellen gespeisten Glücks.

Es ist die Natur im Menschen selbst, die ihn zum ständigen Handeln zwingt, so beiläufig sie auch meist ihre physischen Akzente setzen mag, so zwingt sie doch unentwegt zur augenblickshaften

Entscheidung, ob angemessen oder unangemessen, ob guten oder schlechten Gewissens, ob aus Überzeugtheit oder im Zweifel, ob in Bedächtigkeit oder in ungestümer Dynamik. Das Getriebene im Menschen bleibt, der physische Motor, das Lebensprinzip selbst. Jede Entscheidung ist immer das, was Glück und Unglück ausmacht, ist immer Härte des Lebens, ist immer jenes unbarmherzige oder erlösende Entweder-Oder. Jede Entscheidung trifft immer die ganze Person in des Wortes doppelter Bedeutung. So enthält auch die Generation selbst, die jeweilige Altersstufe also, die naturhaften Bedingtheiten von Vorhandensein und Nachlassen von Spannkraft und Intensität, enthält die Befähigung zur jeweiligen Gestimmtheit bis in ungehemmte Schwelgerei, zu sensoriellem Eins-Sein mit Naturhaftem, zu ungestümem Handeln, zu verzücktem Anbeten von Idolen, zu nimmermüder Geselligkeit, zum Überschwang, zur ungebändigten Vorstellungskraft, zum exzessiven Leben, samt all den meisthin mit Nachsicht bedachten Sünden der Jugend.

Glück unter Wirkung der Lebensphasen?

Es ist freilich auch die Adoleszenz-Phase, in deren Unausgeglichenheit und weltschmerzlich-suchender Selbstfindung die gefühlten Unglücksphasen ihre Höhepunkte haben. Das Umwerten der als Unglück empfundenen Momente hat noch nicht stattgefunden. Einschränkung, Entzug glückhaft empfundener ungezügelter Freiheit, das Eintreten in mühselige Stadien beginnender Zuteilung von Aufgaben und Pflichten, vielleicht pädagogisch verhängtes Bestraftwerden: Aus umwertender Sicht des erwachsen Gewordenen wird die fragwürdige, die relative Seite des Glücks zum Vorschein kommen. Dennoch ist Glück grundsätzlich immer in der Nähe des Wahren und Jugend steht immer und besonders in der ihr anhaftenden Subjektivität im Bann der Wahrheit und also des Glücks. Energie und Kraft wird dem Erkundungsdrang des Neuen zugeführt und alles Erleben wird zur späteren Sehnsucht. Noch ist es im Jugendlichen nah am Naturhaften, noch nicht durchtränkt vom Reflexiven, das farbenreich Subjektive noch nicht entfärbt vom Objektiven, noch nicht saturiert vom hundertfach Erlebten, sondern erfüllt vom Empfinden der Zeitlosigkeit, gesteigert von erregender Selbstvorstellung, von Intensität des Erlebten, des Neuen, des Anderen, ist besonders der jugendliche Mensch im Tatendrang noch ganz dem Wunsch nach Vollkommenheit verhaftet, vom Verwirklichungsstreben nach höchsten Werten beseelt.

So finden sich in der Jugend die wesentlichsten Merkmale in Parallelität all dessen, was als die Konstituenten des Glücks gelten. Alle von Sehnsucht begleitete Erinnerung in späteren Phasen ist nichts als Wunsch nach Rückkehr erlebten Glücks. Wer Glück aus der Vergangenheit sich vergegenwärtigen will, wird aber nur den Abglanz finden, Déjà-vus, nostalgische Sicht im Spiegel, wird durch ver- oder entfärbtes, vielleicht schon trübes Glas blicken, wird das Glück nur leblos konservieren oder in Bild und Metapher zu fassen suchen. Die psychologisch apostrophierte Versäumnispsychose, wie sie als Merkmal die Erlebnisphasen bis zur Lebensmitte prägt, ist nichts als ein Zappeln aus Furcht vor verpasster Glücks-Chance.

Deshalb steht aus Sicht und im Rückblick des Alters die Kindheit in Überstrahlung des Glücks, und nichts scheint dem Erwachsenen trostloser als zerstörtes Kinderglück und nirgends erscheint ihm Glück in solcher Reinheit, Selbstvergessenheit und Unangefochtenheit wie Glück in der Kinderseele. Das Kind ist schließlich für sich selbst noch ganz da, wo Gemeinschaft als Glücksraum besteht, ist noch nicht Teil der Gesellschaft, in die es erst adoleszent im Zuschreiben von Pflichten und Aufgaben gerät. Das Kind empfindet ganz ursprünglich in dem Sinne, als auch seine Bezugspersonen übermächtige Gestalten des glückhaft Guten und Schützenden sind. Deshalb auch ist die Verantwortung besonders der elterlich Befugten, immer mythisch erscheinend für ihr Kind, so riesengroß, weil der Bruch kindlichen Vertrauens immer traumatisch prägend bis in die

66

Erwachsenenzeit ist. Kind und Glück verbinden sich auch so schön und sind so ungetrennt, weil das Kind ganz in der Dimension der Gegenwart lebt und unbeschwert von Ambivalenzen des Vergangenen und Zukünftigen reines Wohlsein und gar jauchzende Freude empfindet. Diese Vorstellung von Kinderglück soll nicht hinterfragt werden, weil ja das Glückserleben noch nicht in die nachhinein sich weitende volle Dimension des Bewusstwerdens getreten ist. Doch weil der im Bewusstsein des Glücksstrebens stehende Erwachsene immerzu seine Träume – so es keine Albträume sind – aus der Kindheit im Leben verwirklichen will, so liegt sein Traum vom Glück in der Kindheit und nichts erscheint ihm geglückter, als den eigenen Kindertraum in die Welt von Beruf oder Berufung übergeführt zu haben.

Entfernt sich der Mensch im zunehmenden Alter vom Glück? Wird es fade, trübe, entzaubert, durchwirkt mit Anteilen des Grübelns, des Zweifels, des Sinnierens, der rationalen Blässe? Kehrt der Erwachsene so gern zum Zeitvertreib des selbstvergessenen Spielens zurück, weil es ihm ganz zweckfrei erscheint, wie das Glück selbst ja immer zweckfrei ist? Er kann doch nicht mehr so sein wie die spielenden Kinder, er kann doch den Augenblick, und sei es nur für Momente, jenes besagte kindhafte Glück nicht mehr auskosten ohne vom Schatten zeitlichen Vergehens und von der Endlichkeit getroffen zu werden, ohne die Erdenschwere zu spüren, die ihn im Maße von Gebrechen und körperlich schwindender Kräfte immer weiter niederdrückt. Es steckt doch auf einmal immer ein Wollen zum Glück, ein Auftragen von Parfum zur Steigerung des Festgefühls vor der Abendgala, das Hinzutun eines Gewürzes zur Intensivierung der Gaumenfreude beim Zubereiten des Mahles darin. Zunehmend also gehört das Einsetzen eines empfindungssteigernden Additivums als bewusstes Gestalten im Vorfeld erhofften Glückserlebens zum vorbereitenden Procedere, um geradezu bewusst erwünschte glückliche Momente zu erleben.

Glücksprothetik für Senioren?

Verbündeter in all unserem Glücksstreben heutiger Zeit wurde die Technik. So bietet das wertfreiste Element, die deutlichste materiale Ausprägung des Zivilisatorischen, des Utilitären, des Zweckhaften, des Rationalen – die Technik also – den Alten ungeahnte Chancen der Erweiterung und Verlängerung glücksvorbereitender Bahnen. Sehnsuchtsziele können in Stunden an exotischsten Ambienten erreicht werden, inner- und außerkörperliches medizinisches Stimulanz und Gerät hilft und stützt über das physisch Zerfallshafte hinweg, jugendhafte Animation und Aktivität hilft helfen, das heimliche Wissen zu verdrängen, dass die Lebensphase sich im glücksverblassenden Grenzland zwischen Leben und Sterben abspielt.

Die Lifestyles der Senioren werden Ersatz für das glückhaft Empfundene klassischen Alters, in dem einst Reife, Stille, Weisheit, Lebenserfahrung, ihr Teilnehmen-Lassen und Weitergeben an die ungestüme Jugend darüber hinweggetröstet haben, selbst nicht mehr an den Hebeln von Tun und Entscheidung zu sitzen, wenn nicht gar der Macht. Integrative Figur in familialen Verbänden sind die Alten besonders der bundesrepublikanischen Gesellschaft schon lange nicht mehr. Vorbei die Zeiten, als sie in den Augen der Jugend als die Hüter von Erfahrung, Traditionen, Vermittler von Werten und Normen galten. Alter: Ist es reduziert allein noch auf Rente, Pension und Konsum, ist es nicht mehr innere Größe, sondern nur noch äußere Kleinheit, die das Alter so augenscheinlich macht? Die neuen unverzagten Alten aber, von kommerziellen Verwertern an die technologischen Startrampen ermuntert, gedrängt, getrieben, getragen, eifern den Jungen nach, wechseln vom distanzierten Sie zum gegenseitigen jugendhaften Du. In prothetischer Extendierung üben sie sich an den Wissensmaschinen, an Miniaturgeräten, an Telefonien und Flachbildmonitoren, um in Gleichstand mit den Jungen zu treten.

Die Alten haben erfahren müssen, dass der Erfahrungsschatz der je älteren Generation für die jüngere sukzessive schnell in den Datenspeichern verortet werden kann, abrufbar auf Tastendruck in den Unternehmen, transformiert von Trainings-, Ausbildungs-, Seminarindustrie und utilitär-pragmatisch aus den Quellen angewandter Wissenschaft angereichert und auf die Höhe der Zeit eingereiht in den Ausbildungsmaschinen und elektronisch gestützten Lernprogrammen. Wer braucht da noch die Weisheiten der Alten, die Erfahrungen und Ratschläge von gestern? Möglichem Unglück wird für Jung und Alt über technische und mediale Kanäle schnell Abhilfe geboten, Gefühlen von Einsamkeit, Verdrossenheit, fast jeglichem Unglücksempfinden kann schneller denn je entflohen werden. Die Senioren können sich nunmehr dem sich der Jugend verähnlichenden Life-Styles und Event-Kulturen widmen, das Glück buchen, auf Reisen gehen, sich von besagten Animatoren mobilisieren lassen, Fun und Fitness genießen, bis die Wahrscheinlichkeit im Lauf doch immerhin verzögert eingetretener, alt gewordener physischer Systeme das Ende in Sichtweite ist und die Reihen der Senioren sich lichten.

So gilt also durchaus das Prinzip des Ökonomischen auch im Physischen, des Verteilens von Kräften bis ins Alter hinein. Sollte denn das Zuströmen des Glücks im reif gewordenen Menschen nicht eher auf Barrieren, auf Erfahrungen, auf Gedächtnis und Vorbehalt treffen und immer häufiger auf verschlossene Türen? Die besagte, alle Lebensvor-

gänge prothetisch-supportierende Technik jedenfalls erweist sich als Türöffner. Dem Betagten sei
dennoch zugute gehalten, dass er nicht jedes her-
gelaufene Glück so mir-nichts-dir-nichts in sein
trautes Heim lässt, in sein bewehrtes Innere, will er
doch nicht erprobtes, vertraut gefühltes, in einem
Kontinuum des eigenen Lebens stehendes Glück in
Gefahr bringen. Vielmehr wird er die vor sich tre-
tenden Glückselemente vorab wiegen und messen,
gewichten und ordnen, einpassen in den eigenen
nur noch verlangsamt kräftespendenden Stoff-
wechsel. Gerne wird auf Wanderung gegangen, viel
öfter gar auf Reisen, auf abenteuerlich scheinende
Touren, um sodann beim Ansichtig-Werden von
heimischer oder exotischer Botanik, beim Ersehnen
von Morgen- und Abendrot an Seen und Küsten nah
und fern, sich glückliche Augenblicke verschaffen,
sein Rentnerglück genießen. Verzicht und Genüg-
samkeit, so gern als Tugend dargestellt, werden
dann nichts als der Mangel an physischer und psychischer Kraft sein für allerlei Durchwandern und
Durchreisen von Höhen und Tälern. Wäre in dieser
Weise dem Leben kein Ende beschieden, das Glück
müsste in Verblassung aus dem Leben schwinden.
Im wahren Leben geht es aber immer in alter goe-
thescher Polarität um ein bewusst wahrgenomme-
nes Willkommen-und-Abschied.

Des Menschen Glücks- wie Unglücksempfinden in
altersgemäß absteigender Intensitätskurve ist also

Kategorie der Ganzheitlichkeit, ist Emanation seiner naturgegebenen Ausstattung von Physis und Psyche, ist Folge seiner Befähigung zur akkumulierenden Selbstwahrnehmung, zur Selbsterkenntnis, zur Reflexivität, zum Empfinden darüber, was ihm gut tut, was ihm schlecht tut, wo er Wohlsein, wo Schmerz verspürt. Auch der lokale Schmerz an Hand oder Fuß wird schließlich ganzheitlich empfunden, wirkt auf die gesamte Stimmungslage, drückt auf das ganze Gemüt. Er erkennt sich ganzheitlich auch da, wo ihm Unglück widerfährt, wo Unrecht geschieht in allen Facetten, in allen Graden zwischen Marginalem und Brachialem, in kurzen verstörenden Momenten wie im endlos scheinenden Unglück. Ganzheitlichkeit des Menschen findet ebenso ihren Ausdruck in glücksfindender Balance seiner organisch, möglichst störungsfreien anthropologischen Ausstattung, all seiner Befähigungen, die in allem Tun und Lassen grundsätzlich wirken.

Glück in Zeiten des Ringens um Nachhaltigkeit?

Kein anderer Begriff lässt sich so mühelos mit dem Prinzip des Ganzheitlichen auch in ihren äußeren Folgemerkmalen in Verbindung bringen wie der Nachhaltigkeitsbegriff. Als ein alter Begriff aus dem 19. Jahrhundert hat er ungeahnte Umfänglichkeit erfahren in den Handlungsstrategien einer durch des Menschen Handeln bedrohten Welt. Der Nachhaltigkeitsgedanke muss heute alle Merkmale der Ganzheitlichkeit im Menschen mobilisieren. Sie reichen von intellektuellen Ressourcen, technisch-problemlösender Innovationskraft über die geistigen Ressourcen ständiger Güter- und Folgenabwägungen. Sie umschließen alle Gebiete, nicht zuletzt die der moralisch-ethischen besonders werthohen Anstrengungen, die nämlich darin begründet sind, den eigenen profitär scheinenden Vorteil um der Abwendung schadenhafter wie glückszerstörender Folgen für andere und propagierend verkündet um künftiger Generationen willen zurückzustellen.

Dominant geblieben ist aber jener Mensch in all seiner Unvollkommenheit, seiner Zerrissenheit zwischen schierer Existenzsicherung, zwischen Gefahren des Scheiterns und Hoffens auf Erfolg, mit all seiner Vorteilssuche, seinem Überlegenheitswunsch, seinen Deformationen, seinen Defiziten, wenn er keine Lösung sieht noch sucht nach einem besseren Tun, wenn er die schadenhaften Folgen seines Tuns nicht abschätzt oder sehr wohl in Kauf nimmt, das Negative vorteilhafter wahrnimmt, als das beschwerlicher zu erreichende Erhaltende an Mensch und Natur: Dieser Mensch steht immerzu an der Grenzlinie zwischen dem – religiös gesprochen – Bösen wie dem Guten. In der Forderung des Tages steht er vor der Aussage und der unablässigen Gültigkeit eines in religiösen und philosophischen Weisheitsschriften variierten und hier wie-derholten Spruches, der ihm und jedem Mitmen-schen vertraut ist und besagt – so banal wie funda-mental er auch ist – niemandem etwas anzutun, das er sich selbst nicht antun würde.

Wenn Dominanzwille im obigen Sinne auf den Ein-zelmenschen bezogen wird, so gewinnt der Begriff verheerende Dimensionen, wenn er auf die Staats-ebene, in den Bereich des Politischen gehoben wird. Schadenhaftes Tun kollektiviert sich auf staat-licher Ebene und erfasst nicht mehr nur den einzel-nen Menschen als ein vielleicht der Straftat über-führter, sondern ein System, ein Kollektiv. Das Scha-denhafte erfasst unzählig viele Menschen im Zuge von Gesetzesregelungen und ihrer möglichen skru-pellosen Auslegung. Im Wertverhalten sind viele in diktatorischer oder ideologischer Tradition ste-hende Staaten bis heute im Stadium reinen Macht- und Systemerhalts stehen geblieben. Das Defizitäre daran ist, dass Wege schadenvermeidender Lösun-gen weder intellektuell, noch aus ganzheitlicher Sicht der Verantwortung für das Gemeinwesen und den einzelnen Menschen im besagten Triumvirat von Würde, Freiheit und Gerechtigkeit entsprochen werden will. Aber in einem Versagen treffen sich alle Staaten in höherem oder geringerem Ausmaß, wenn es nämlich um den Verantwortungsbereich über das Humanum hinaus auch für die beiden an-deren Wesenheiten geht, wie es die tierliche Krea-

tur und das Gesamtphänomen der Natur als Le-
bens- und Überlebensraum darstellen.

Kühn wurde aus rechtsphilosophischer Perspektive
gesagt, dass aus der Handlungsdevise, den gleichen
Maßstab für sich und andere zu setzen, dass aus
dieser goldenen Regel, zum Volks- und Leitspruch
geworden, letztlich alles Recht geflossen sei und immerzu alles Recht fließe: Jenes Füge-andern-nicht
zu,-was-dir-nicht-zugefügt-werden-soll. Recht ist
nach alter Lehre, was nützt, Unrecht, was schadet
und zwar ganz physisch, ganz real, ganz konkret.
Aus dieser physischen Unmittelbarkeit stammt die
Moral als individuelle Werthaltung und die Ethik in
entsprechend gemeinschaftlich-gesellschaftlicher
Wertdimension. Recht ist das Konstrukt, das sich
aus kollektiven Werten und Normen zusammensetzt – von Erkenntnis aus Forschung und Wissenschaft angereichert und untermauert. Alle Transzendenz, alle Gottesvorstellung, alles Religiöse hat
in dieser geradezu biologistischen Aussage ihren
Ursprung, stammt sie doch ganz aus eigener Physis
als sicherste Quelle des Empfindens mit dem innigsten Wunsch, das subjektive Empfinden hilfesu-
chend und transzendierend ins Werthafte zu erhöhen. Alle Werthaftigkeit leitet sich aus diesen physisch vom Lebensbeginn an bis zum Moment des organischen Endes sich akkumulierenden Urerfah-
rungen ab. Alle Aktion und Reaktion richten sich auf
ein Mehr an Wohlsein in ständiger Abwehr gegen

ein Weniger des Wohlseins, des Befindens und letztlich dessen, was das Kompositum, was die Summa, mehr noch die Synthese der Wohlseinsempfindungen hin zum Glücksempfinden darstellt.

Ungelöst ist das Dilemma, wie Unglücksempfinden aus Schmerz, Not und all dem, was Schicksalsschlag genannt wird, nicht auch zur Existenz- und Erfahrungstiefe beitragen, die am guten Ende den gefestigteren, den reiferen, den verständnisvolleren, den glücklicheren Menschen hervorbringen. Ein geglücktes Leben, so ist daraus zu folgern, müsste also auch jene Phasen einschließen, die in schmerzhafter Weise das gute Ende im Glück angebahnt haben.

Glück im Angesicht der Hölle?

Ist Glück nun wie Almosen des Schicksals für den Armen? Kann es in den personalen Fundus aufgenommen werden wie jederzeit verfügbare Preziosen, wie Gold und Silber? Ist Glück besagte Resultante im Lichte von Erkennen und Erkenntnis unserer Welt, wie sie wirklich ist oder scheint? Wenn Erkennen und Erkenntnis die Resultat-Seite des Denkens ist, hilft dem Menschen das Denken auf die Sprünge auch zum Erreichen des Glücks? Oder schließt Glück als Zustand emotionalen Empfindens im Zuge der Ganzheitlichkeit die Stufen rationalen Denkens und Handelns mit ein, ist vielleicht nur über sie im Vorfeld erreichbar? Oder ist Glück einfach nur Vergessen des Faktischen und all der Mühseligkeit hervorrufenden Erdenschwere? Ist es nur Affekt, an- und weggeflogen wie alle sonstigen Affekte? Ist Glück so passager, weil es substantiell nichts als Ausdruck immer in Bewegung seiender physischer Vorgänge ist? Ist es indifferent in dem Sinne, als es geschieht im Angesicht auch von Elend und Trauer, in nächster Nähe zu Unglück und Verderben, im Drohen der Hölle?

Begrenzen wir unsere Betrachtung auf die christlich-europäische und somit monotheistisch geleitete Vorstellungswelt, so steht das eine wie das andere unter dem Anruf des immer sich gefährdet wahrnehmenden Menschen an die Allmacht eines unfehlbaren Schöpfergottes. Anruf und Gebet an ihn, Erbarmen zu haben, Gnade walten zu lassen, aber auch zu richten und zu strafen. In Momenten, da gnadenvolle Erhörung, da ein Eins-Sein mit dem Allmächtigen geglaubt, da vielleicht Gnade vor Recht geschieht, da der anrufende, anbetende Mensch den Allmächtigen auf seiner Seite sieht, da Schuld durch Sühne getilgt werden kann, da Rettung vor Höllenpein in Sicht ist, da, was hienieden nicht erreicht, er im Jenseits vollendet zu haben hofft, in solchen Momenten ist dieses Eins-Sein mit Gott auch ein Zustand von Glücksempfinden. Wie mächtig muss ein Phänomen, wie es das Glück ist, wirken, dass es des Menschen Wunsch ist, es über den Tod hinaus nicht enden zu lassen, sondern es in die Ewigkeit, in die nächste Nähe zum Höchsten retten will? Ist ein Getrennt-Sein von Gott nichts als Unglückempfinden? Ja, das ist es. Wenn Ferne und Getrenntsein von Gott heißt, dass das Maß der Getrenntheit dem Maße des Schuldigseins entspricht, so ist also die stärkste Trennung als die größte Ferne von ihm lokalisiert in dem, was sich der Mensch als Fegefeuer oder gar als Hölle imaginiert.

Was aber verbirgt sich hinter der Idee der Hölle? Unser heutiges, von Faktenkenntnis bis in geheimste Wege der Psyche gestärktes Verständnis vom Schuldhaften lässt die Hölle ein Ort sein, an dem der Mensch im Zustand vollkommensten Bewusstseins seiner selbst innewird. Hölle, das wäre, sähe sich der Mensch in vollstem Erinnern seines Tuns, in untrüglichster Erkenntnis der Folgen seines Handelns, in letztgültiger Wertung dessen, was er den Mitmenschen und aller Mitkreatur angetan, an Unrecht zugefügt hat, ja, das wäre, in den Stand versetzt zu sein, Rechenschaft vor sich ablegen zu können und zu müssen, unendlichen und nie endenden Schmerz zu verspüren über das der Mitkreatur zugefügte Leiden. Hölle und Verdammnis, das wäre als Schuldig-Gewordener, Ursache und Beginn von Leid gesetzt zu haben. Hölle des Menschen wäre, die Bürde tragen zu müssen über verursachtes Unrecht, wie es alle Untugend, alle Herzlosigkeit, alle Nachlässigkeit, alles, was die Menschen unter Ungerechtigkeit und Schuld erkennen, alle Nuancen der Grausamkeit, vielleicht nur der Unbedachtheit ihre schadenhafte Wirkung gezeitigt hatten. Das ist es, was die Menschen wohl dachten, als sie die Hölle schufen, als sie ein mythisches Bild erstellten, als sie noch keinen Ausweg im beruhigenden Begriff von ausgleichender Gerechtigkeit, von seelischer Entlastung und Therapie sahen, sähen keine andere Gerechtigkeit, als ihre zu Sünde und Schuld erklärten Taten des Bösen archaisch und physisch von einem Herr der Hölle rächen zu lassen. Und in dem sie freilich als Geschöpfe der Unvollkommenheit, nicht anders als wir Menschen der Heutzeit, immerzu selbst das Böse vermehrten, schufen sie irdische Buß-Systeme der Grausamkeit bis hin zu Marterpfählen und Scheiterhaufen.

Auf Erden kann also in der Kategorie des Absoluten und auf den Menschen bezogen strikt gesprochen nichts Vollkommenes erreicht werden. Das Dialektische daran ist, dass in der Absolutheit, in der Vollkommenheit kein Glück entsteht, nicht entstehen kann, weil das Ultimative, wie es das Absolute ist, nicht mit einem Ultimativen, wie es das Glück ist, in Verbindung treten kann. Nur daraus ergibt sich die Chance, auch glücklich zu sein. Die Welt als das Unvollkommene galt schließlich auch stets als ein Jammertal, als Metapher dafür, dass der Jammer den Zustand des Endlichen von Mensch und Welt zeichnet, dass das Glückhafte immer nur passager, augenblickshaft, vergänglich ist, dass ein Vor-dem-Jammern immer auch ein Nach-dem-Jammern ist, dass ein sich Überwinden zur Demutshaltung die einzig erlösende Haltung sein kann, dass das Eingeständnis grundsätzlicher Irrtumshaftigkeit immer Stolz und Übermut Einhalt gebieten muss.

Unvollkommenheit führt nicht minder zum Glauben daran, dass der irdischen, imperfekten, vergänglichen Welt eine Überwelt des Perfekten, des Unendlichen, des Ewigen, des Unvergänglichen gegenübersteht, in die alles mündet. Darin berühren sich die Vorstellungswelten der Menschen – ob aus West oder Fernost – nämlich zwischen irdischem Dasein und dem Eingehen ins Unendliche und dem schon im Diesseits wirkenden Grundsätzlichen des Wunschs nach Aufgehoben-Sein in vollkommener Einheit mit dem Vollkommenen, sei es benannt in Harmonie mit der Natur, sei es größter Nähe zum Göttlichen. Weil aber der westliche Mensch als Tatmensch sein Dasein eher im existentiellen Ringen selbst gegen seine eigene Natur zu meistern sucht, der Ratio den Vorrang gibt, heftet er sein Glücksstreben an Begriffe, sucht Halt an unübersteigbaren Maßstäben, besinnt er sich auf das denkbar Wünschenswerteste, wie es das Gute darstellt, das Schöne und das Wahre, die Liebe und all das, was er im Laufe seiner geistigen Selbstschau und Streben nach Selbsterkenntnis zu einem Begriffs- und

Wertekanon gestaltete, zu einem Tugendgebäude hat werden lassen.

Warum standen und stehen bis heute die Tugenden so hoch im Kurs? Was sollen sie in ihm bestärken helfen? Worin sollen sie ihm innere Sicherheit und Selbstvertrauen geben? Will der Mensch doch nicht dem Bösen ausgesetzt sein, will er doch nicht am eigenen Leib und Leben das Tugendlose spüren, will er doch für sich die Wahrheit erfahren und nicht eine Lüge, will er für sein Handeln doch die Wirklichkeit erkennen und nicht getrogen werden, will er doch das rechte Urteil an sich vollzogen wissen und nicht das Fehlurteil, will er doch nicht im Chaos den Überblick für sein Handeln verlieren, selbst doch der Nutznießer des Logos sein, des ordnenden Prinzips und will er doch die Prinzipien der Vernunft und nicht der Unvernunft an sich selbst zur Wirkung und somit sein Dasein in ein von Lebensglück überstrahltes Gelingen gebracht sehen.

Bringt es aber den grundsätzlich aus eigenem Ich als biologische Basis handelnden und immerzu glücksstrebenden Menschen zur besagten Haltung, niemandem etwas Glücksminderndes anzutun, das er sich selbst nicht angetan haben will? Nein! So lapidar muss gesagt werden, was die Erfahrung lehrt, die Menschheitsgeschichte unter Beweis stellt. Zunächst gilt, dass der Mensch nicht immer das Böse, das bewusst Unrechte, das Schädigende, das Übervorteilende will, so er dem Mitmenschen antut, was er sich nicht angetan haben will. Um jede Selbstgerechtigkeit auszuschließen, muss aber der Mensch zunächst einmal in selbstkritischer Haltung wissen, dass er von einem falschen, fehlerhaften, ungerechten, einem, wie es schon zu Augustinus Zeiten genannt wurde, defekten Urteil nie ausgeschlossen ist. Urteile, so muss ergänzt werden, fällen nicht allein Richter und Gerichte. Sie tun es freilich im formalen Sinne. Im nicht-formalen Sinne steht Urteil auch als Ergebnis, welcher Qualität auch immer, als Entschluss und als Tat am Ende eines jeden Erkenntnisvorgangs eines Menschen. Urteile jeglicher Art stehen also immer nur als Ergebnis eines mehr oder minder irrigen Entsprechens mit dem beurteilten Gegenstand. Das gilt für juristische Instanzen nicht weniger als für private Personen. Es liegt an der grundsätzlichen Unvollkommenheit menschlicher Erkenntnisfähigkeit und Urteilskraft. Denn das Erkannte, das Faktische ist schließlich beständig, allein der Erkennende ist unbeständig in seinem Urteil. Aus diesem grundsätzlichen Defizit absoluten Wissens und Erkennens heraus werden absolute, irreversible Urteilssprüche, wie es Todesurteile sind, so problematisch. Todesurteile im Weltlichen stehen im Religiösen in Analogie zur Verdammnis der Hölle. Deshalb ist aber auch alles Strafen so problematisch, weil es sich immer um in beabsichtigter Weise vorgenommene Glücksminderung handelt.

Glück im Kontext wissenschaftlicher Konstanten

Als Lehre vom Menschen gilt aus wissenschaftlicher Perspektive die Anthropologie. Gerade Wissenschaften wie die Anthropologie haben vermocht, das Ganzheitliche am Menschen, das Ganze an ihm in Teile zu zerlegen. Ohne das weite Feld wissenschaftlicher Terminologien betreten zu wollen, so ist doch im Kontext des Glücks zu sagen, dass die für ihn gebildeten Kategorien hilfreich sind im Hinblick darauf, in Betrachtung seines Wesens nicht allzu sehr in die Irre zu gehen. Was Allgemeingut der Erkenntnis über Freiheit, Würde und Gerechtigkeit des Menschen geworden ist, wurde es nicht aus Menschengüte, sondern aus Erkenntnis darüber, dass wissenschaftliche Inhalte aus Theorie und Praxis, Forschung und Lehre zum Allgemeingut des je aktuellen Menschenbilds gehören und von da in die Verrechtlichung geflossen sind. Allein die Wissenschaft hat den Menschen in ein Kontinuum gestellt aus Entwicklung, aus genetischer bis sozialer Prägung, aus Herkunft, aus physischen und psychischen Konstituenten, hat den Menschen befreit aus religiöser Sicht einer absolut zu bewertenden Einheit in monomedialer Relation zu Gott, hat ihm aber auch das Glück dieser Beziehung apodiktisch aberkannt, hat des Menschen Physis und Psyche nämlich in eine immer perfektere und pragmatischer bewertbare Gesamtschau aus allen wissenschaftlichen Quellen zusammengeführt.

Nicht der Staat und wohl nicht einmal ein Gott vergibt die Rechte, sondern allein der Mensch schafft sie sich in zunehmender Versachlichung aus allem, was ihm aus seiner Ganzheitlichkeit an Erleben, Erfahrung, Denken und Erkenntnis über Jahrhunderte zugeflossen ist in – zeitgeistlich genannter – Schwarmintelligenz. In Summa fließt all das Erkannte, so es rechtstaatliche Basis erlaubt, in Gesetzgebungsprozesse ein und novelliert sich in der Zuführung von einem immer aufs Neue sich versachlichendem Rechtsverständnis – im Namen des Volkes. Im demokratischen Verständnis ist also für jede im Namen des Volkes wirkende Entscheidung auch ein Ausdruckgeben der tiefen Nähe zwischen Allgemeinerkenntnis einer Vielzahl von Menschen und ihrem Streben nach Gerechtigkeit im Sinne auch der goldenen Regel, dass keinem zugefügt wird, was man sich selbst nicht angetan haben will.

Glück in politischen Konstanten

Noch einmal seien jene, aus akkumulierter Erkenntnis gewonnenen Artikel und Charter erwähnt, die zu allgemeinverbindlichen Menschenrechten erklärt worden sind und die den nationalen Rechtsprechungen verbindliche Leitlinie sein sollen und müssen. Plakativ sei verdeutlicht, was die Menschen aus vorrationaler Deutung, aus menschen- und weltdeutendem Mythos und symbolhafter Archaik herausgeführt hat, den Weg zu einem aufgeklärten Menschenbild unumkehrbar werden ließ, wenn so klar ist, dass Frauen nicht als Hexen verbrannt, dass Kinder nicht „grün und blau" geschlagen gehören, wie dies noch Anfang vorigen Jahrhunderts zur gesellschaftlich pädagogisch-kulturellen Akzeptanz gehört hatte, dass Verbrecher nicht geviertelt gehören, so verführerisch der Wunsch auch sei in Anbetracht verbrecherischer Ungeheuerlichkeiten, dass Land und Menschenvolk nicht als Eigentum von Herrscherfamilien zu deren Ausbeutung dienen, dass politische Gegner politischer Machthaber nicht in Straflager geworfen gehören, dass es nicht um ein wie immer willkürlich auslegbares Glück von Staaten, sondern um das von Individuen geht. In der heutigen Völkergemeinschaft ist gewissermaßen laut Statuten der direkte Zugriff auf das individuelle Glück entzogen, ist vordefiniertes Glück falscher und falschverstandener Deutungshoheit dessen, was Glück ist, den öffentlich und institutionalisierten Trägern entrissen, ist dem Staat als solchem der Maßstab des Glücks aus der Hand genommen, ist das Glück nämlich in den einzigen ihm zustehenden Ort des Individuellen, wie es der Einzelmensch ist, gelegt worden.

Und somit schwindet auch der Feindschafts-Begriff im Verhältnis unter Staaten. Der Freund-Feind-Begriff als Beziehungsmodus für Staaten, stammt aus dem Mythischen, dem Irrationalen, dem Emotionalen, dem Ur-Konservativen. Als Faszinosum wurde dieses Beziehungsprinzip zwischen Staaten noch von dem konservativen Rechtsphilosophen Carl Schmitt reflektiert. Der Freund-Feind-Begriff im Bereich des Politischen ist denn auch dem Unglücksbegriff näher als solchen Begriffen, die aus dem Rationalen, dem Interessehaften, dessen, was einfach nur sachlich als Lösung anstehender Konflikte bezeichnet wird. Unter Staaten haben keine Beziehungsformen mehr zu herrschen, wie sie unter menschlichen Individuen herrschen, wie sie ihre Kraft gewinnen können aus individualpsychologisch, emotional-subjektiv hervorgerufenen Verhaltensformen auch von Halbstarken, Wichtigtuern, Jähzornigen, Vernichtern, von Grausamen. Freund-Feind-Verständnis auf Staatsebene gerät im jeweiligen Machtbereich zwangsläufig in juristisch-politische Grausamkeit, etwa der sichtbarsten korrumpierten Justiz bis zu Folterpraktiken, legitimiert sie aus Abgründen tiefster Abseitigkeit ihre Destruktivität. Wer staatlich-politisch als Einzelherrscher bestimmt, was Glück ist, wird auch staatlich-politisch bis an die Grenzen bestimmen und konkretisieren, was beabsichtigter Glücksentzug ist. Es sei aber eingeräumt, dass sich dazu ein unendlich weites Feld auftut in Grenzbegriffen von Nationalcharakter bis Volksseele.

Welche Konstanten haben den Lebensweg der Menschen bis ins Heute bestimmt? Sein heutiger Status als aufgeklärtes Individuum verdankt sich seinen besagten anthropologischen Konstanten, aus denen nur weiter erwähnt sein soll, wie sehr er doch ein Denkmensch ist. Der Mensch ist mehrdimensional in dem Sinne, als er differenziertester Repräsentant unter allen Species ist. Sodann ist er Person in seinen Eigenschaften als Vertreter einer sozialen, rechtlichen, politischen Kommunität, ist er Persönlichkeit im Sinne seiner im Denken reflektierten Ganzheitlichkeit und verpflichtenden Menschlichkeit. Er allein unter lebenden Wesen überblickt die zeitlichen Dimensionen von Vergangenheit, Gegenwart und Zukunft, kann unterscheiden zwischen Idee und Wirklichkeit, kann letztlich werten zwischen Formen der Emotio und der Ratio, dem Gefühl und dem Verstand, zwischen Wunsch und Wirklichkeit. Er kann es nicht im Moment gefühlhaften Geschehens, aber in den Augenblicken des Innehaltens, des Reflektierens, des Denkens. Gefühl und Verstand sind aber keine Gegensätze, sondern sich gegenseitig vor- und nachbereitende Stadien, jedes Stadium ein eigener Modus im unentwegten wechselstromartigen Hin- und Her, im Wechsel zwischen passivem Erleben und aktivem Handeln, zwischen dem unfasslich Phänomenalen im Glück und der fasslich zu ergreifenden Realität. Letzterer allein kommt die faktische Macht zu. Das Gefühl, also auch das Metagefühl des Glücks, überwältigt und versetzt in den Zustand der Ohnmacht gegen die reale Außenwelt. Allein Verstand und seine Funktion des Denkens sind imstande des Ergreifens von Wirklichkeit. Ist aber Glück nicht unfasslich, so unergreifbar, auch im Versuch seiner habhaft zu werden, weil es rational definitorisch so schwer zu fesseln ist, als Phänomen zu keinem anderen in direkter Korrelation steht, dass jeder laut rufend einwenden mag, dass es doch nicht zu bestimmen sei?

Glück im Erkenntnisprozess

Die Vorstufen des Denkens, um die bewussteste Kategorie der Lebensbewältigung heranzuziehen, sind schillernd. In den Weg des Denkens münden viele Pfade. Das Denken speist sich aus vielen Quellen. Es sind viele Stufen, bis das Plateau des Denkens als fertige Gedanken erreicht ist. Der Verstand soll es sein, der den Prozess des Denkens steuert. Da aber im individuell Einzelnen ein Mehr oder Weniger an Verstandeskraft enthalten ist, so fällt das Ergebnis des Denkens denn auch sehr unterschiedlich aus. Da trifft sich, dass alles, was auf den Prozess des Denkens zugeht, zwischen Physis und Psyche changiert, basiert auf den schieren Sinnen, erreicht wird über die Kanäle körperlicher Sinne, sich verarbeitet aus unzähligen Wahrnehmungen, Erfahrungen, beruht auf Kausalitäten psychosomatischer Wirkungsweisen. Die alte Philosophie hatte seit Aristoteles hin bis zu John Locke oder Edmund Husserl die Physis und Psyche als auch philosophisches Terrain gesehen. Sie mussten es, sie konnten es, bis in den ersten Jahrzehnten des 19. Jahrhunderts die Psychologie sich als eigenständige Disziplin etablierte und sich von Physiologie und Philosophie getrennt hatte.

Wie der Philosophie, so ist der Psychologie als ein primäres Thema das Glück geblieben. Der Psychologie ist sie allerdings geblieben von der gegenüberliegenden Seite her, wenn nämlich das Glück zerbrochen ist und wieder gefunden, geradezu analytisch therapeutisch wieder hergestellt werden muss und als Chance wieder überstrahlend wirken kann als ein immerzu möglich eintretender Modus menschlicher Natur. Die Psychologie konnte das Feld des Therapeutischen betreten, weil sie als empirisch-forschende Faktenwissenschaft das vorrangig Spekulative hat hinter sich lassen können. Philosophie aber sieht letztlich ihre Aufgabe darin, auf Wegen des staunenden Fragens und reflektierten Antwortens das Erkannte in die Nähe, wenn nicht gar in Übereinstimmung zu bringen mit dem real Dinglichen, mit den Phänomenen des Lebens, mit den Wertigkeiten von Tun und Handeln. Das ist ihr populär verstandener Denkansatz. Die unspekulativen Wissenschaften haben die Philosophie aber auch unter zunehmenden Druck gesetzt, ihr so souverän verstandenes autarkes Denken am Faktischen zu messen. War seitens der Philosophie weithin postuliert, dass zuerst das Denken komme, dann das Faktische daran zu messen sei, weil schließlich das Faktische nicht unzweideutig zu erkennen sei, so hat sich durchgesetzt, dass die Philosophie immer unumgehbarer die Denkpfade betreten muss, die vom ganzen Ensemble der naturforschenden Wissenschaften angelegt wurden und werden. Wie die alpinen Vereine, so legen die strengen Wissenschaften die trittfesten Höhenwege an für die imaginierenden, den Blick in die Täler und auf die Höhen richtenden und genießenden Wanderer der Philosophie, wo sie dann auch immer gerne in grübelndes Denken fallen.

Aber auch das Denken oder allein reines Verstehen ist nicht das Ziel, sowenig wie angehäuftes, materiales, pfadreiches, Fundamente bildendes Wissen um des Wissens willen. Vielmehr ist es das Zusammenführen von Wissen, von faktischen Zusammenhängen mit dem simultan sich vollziehenden Prozess des Denkens, sodann gekrönt in der Synthese des Erkennens, der Erkenntnis. Denken selbst ist wie das Verstehen ein prozessualer Vorgang. Jede Zeit hat ihr eigenes Denken und Verstehen, genauer: ein Verständnis von den Dingen, vom Sein, vom Seienden. Die Verstehens-Lehre sagt seit griechischer Philosophie unter dem Begriff der Hermeneutik, dass alles Denken und Verstehen sich in Abhängigkeiten von Raum und Zeit, Geschichte und

Gegenwart, Tradition und Zeitgeist vollzieht, geführt wird an den Leitlinien erforschter Gegenstände und erkannter Sachverhalte. Erst im Erkennen hierarchisiert sich das Gedachte und Verstandene, wird auch Wissen mit Wertigkeit in Verbindung gesetzt, kommt zum Zuge, wofür Wissen, Gedachtes und Erkanntes steht und einzuordnen ist, welcher Rang Jeglichem zukommt, wo es verifiziert auf unbestimmte Zeit hin beständig bleibt, falsifiziert als überholt gelten muss, wofür es nützt und schadet.

Das Erkannte ist die Synthese vorangehender Akte physischer und geistiger Erfahrungen, ist armiert vom Wissen aus der Faktenwelt, beginnt sich zu instrumentalisieren im Verstehens-Prozess, misst sich an den Phänomenen der Natur, stärkt sich an Konkretisierung und begrifflicher Systematisierung von Wissenschaft und Forschung. Hätte menschliches Erkennen keine zeitliche Begrenzung, könnte es sich *ad infinitum* harmonisch fügen in Untrüglichkeit, in Widerspruchslosigkeit, dann wäre menschliches Denken auf dem Weg zur Wahrheit, dann würde vielleicht Descartes *„Cogito, ergo sum"*-Spruch, dass ich bin, weil ich denke, zur Relevanz gelangen. Wäre aber im reinen Denken und in reiner Wahrheit noch Raum für Glück?

Glück im fragwürdigen Raum reinen Denkens und der Wahrheit

Die Schwierigkeit liegt für den Menschen immer im Erkennen des Wesens der Wahrheit, liegt in der Tücke, dass sie aus den Dingen und ihren Sachverhalten so schwer zu deuten ist, dass, platonisch gelehrt, in den Ideen mehr Wahrheit ist als in gegenständlicher Richtigkeit. Nicht weit von dieser Sicht vermag es allein die Mathematik, mit der der Mensch ein partielles Terrain der Wahrheit hat öffnen können. Subtil ironisch gefragt: Sind Mathematiker etwas glücklichere Menschen in der ihnen nicht selten nachgesagten leichten mentalen Verschlossenheit und in ihren fernen gedanklichen Räumen? Die Beobachtung lässt aufhorchen: Die Bestandteile reiner Mathematik scheinen wie ideenhafte, aller Zeitlichkeit enthobene Bausteine der unfassbaren Wahrheitssubstanz zu sein, scheinen das Denken an seine Limits zu führen, scheinen die immer wahrheitssuchende Philosophie da zu ihren Grundlagen zu leiten, wo sie sich mathematischer Logik unterwirft und enden lässt, weil sie aus dieser Wahrheit nicht mehr in das Praktische des Lebens über- und zurückführen kann und auch nicht muss.

Wer je *Bela von Brandensteins Grundlegung der Philosophie als Quelle der Wahrheitssuche* zu nutzen wünschte, kann erahnen, dass Wahrheit dieser

Kategorie zum denkerisch Herausforderndsten (wohlgemerkt auch seit Pythagoras und Aristoteles), werden lässt, was Philosophie zu bieten hat. Wenn wir die Idee vom Glück erahnen wollen, dann in den Kategorien des Mathematischen mit ihren Größen des Unendlichen, des Formelhaften, des Reinen, des Absoluten, der strengsten Logik, einer philosophischen Mathematik, die – wie das Glück – allen konkreten Anlass übersteigt. Das, was wir Glückssynthese nennen, scheint in entsprechender Logik wie eine mathematische Ableitung der Gesamtheit positiv gerichteter Einzelgefühle zu sein und wie ein Resultat und ein Gewinn aus dieser Synthese. Die Mathematik nämlich gibt alle Bezüglichkeit zum materialen Grund auf, rückt in ontologischer Differenz alle Konstituenten des Daseins in eine transzendierende und einigende Dimension des übergeordneten Seins. Und so möchte man Glück dem Sein als allübergreifende Kategorie näher wähnen als dem Dasein in all seinen Differenzierungen. Um zum pragmatisch-philosophischen zurückzukehren, so muss grundsätzlich aber der Wahrheitssuchende die Dingwelt, die *res*, mit der zugrundeliegenden Idee erkennend in Übereinstimmung bringen wollen. Denn nach den Stadien erster Empfindungen bis hin zum Erkennen steht das Ergebnis des Urteils, steht der Entschluss und das Handeln in größtmöglicher Nähe der Wahrheit selbst.

Glück im Raum der Unvollkommenheit

Aber eines hat die Menschheit wahrgenommen: Es gibt kein Zurückfallen hinter das Erkannte. Was einmal erkannt ist, kann nicht ins Unerkannte zurückgestoßen werden. Auch im Widerstreit wird das Erkannte wie das Licht am Ende des Tunnels scheinen. Auch im Griff von Macht, Interessen, Übereifer, Fanatismus, Zerstörungswut und aller denkbar schrecklich-politischen Gegnerschaft bleibt das Erkannte der Hort des Unzerstörbaren. Das vom Menschen Erkannte sollte nicht mit Wahrheit in-eins gesetzt werden. Denn es stammt aus dem Erforschten, dem Realen, dem Diesseitigen, dem augenblicklich, zeitverhafteten Situativen, dem subjektiv Perspektivischen, dem Unabgeschlossenen, dem Imperfekten. Das Erkannte entstammt besagterweise nicht dem Absoluten, dem Transzendenten, dem Jenseitigen. Das Interesse als eine durchaus anthropologische Haltung gilt ja gemeinhin als aktives Hinwenden zu einem Thema, einem Menschen, einem Gegenstand, einem Sachverhalt in der Absicht, den eigenen Kenntnis- und Erkenntnisstand zu erhöhen. Der Erkenntnis selbst entspricht deshalb auch das Angemessene, das Wirkliche, das Realistische, die Sachlichkeit. Ihnen will letztlich der Mensch ausgesetzt werden. Unter ihren Prinzipien will er sein Lebensglück finden, selbst unter Verzicht auf Vorstellungen nie zu findender Wahrheit, im Namen derer, so musste er erfahren, alles Leben und alle Liebe zerstört werden darf. Nicht von Gerechtigkeit als Dimension der Wahrheit soll menschliches Schicksal bestimmt sein, sondern in einem von Recht als Regelwerk einklagbares Gesetzeswerk soll menschliches Leben geleitet sein. Gerechtigkeit kann nicht gesetzt werden, doch Recht kann stets gesetzt und gesprochen werden. Sodann aber kann im Gelingen und im Gefühl rechtlicher Sicherheit das Leben gerne von einem Glücksgefühl lichtvoller Gerechtigkeit überstrahlt werden.

Wir sprachen von den *Basics*, den *Essentials*. Leitmotivisch muss zur Konkretisierung wiederholt werden, was die Menschheit sich in den juridischen, darunter *Charter* oder Konventionen bezeichneten Regelwerken der Vereinten Nationen oder der Europäischen Union niedergelegt hat und Ausdruck eines Erkenntnisstandes auf der Höhe der Zeit darstellt. Hinter diesen Erkenntnisstand gibt es kein Zurückfallen, wenn um Mensch, Natur und irdischer, Umwelt genannte Lebensgrundlage gestritten wird. Politisches Operieren mit alten Mitteln staatlicher Macht ist wie medizinisches Operieren mit alten Instrumenten. Wer auch wollte sich denn mit dentalen Instrumenten der frühen Zahnwerktechnik den Zahnbestand noch richten lassen, wer will sein Schicksal bestimmen lassen von Wirkungen politisch-polizeilicher Instrumente aus dem historischen Arsenal altherrscherlicher Potentaten, die Land und Leute als ihr Eigentum betrachten?

Die Erkenntnis ist nicht das Ergebnis eines gut ge-
meinten Wollens. Es ist das Ergebnis des Zusam-
menstoßens mit der Wirklichkeit, mit dem Realen,
ganz allgemein mit der Natur. Der Mensch, der sich
als Reflektierender so gerne aus dem Zusammenhang von Natur und Umwelt herausnimmt, sich
über sie gestellt sieht, das ihn Umgebende in religiös verstandener oder missverstandener Aufmun-
terung sich untertan machen will, ist immer an
seine Grenzen gestoßen. Er hat immer wieder erfahren müssen, dass er nicht der Meister ist, dass er
vielmehr selbst ein Teil der Natur ist, die Grenzen
zwischen dem eigenen Ich und dem, was er Umwelt
nennt, permeabel sind. Die Natur ist das Empire,
das zurückschlägt. Selbst in nahezu grenzenloser
glückhafter Ich-Erweiterung, im mühelosen Verfer-
tigen gigantischster Artefakte, in symbiotischster
Vereinigung mit technischen, sich ihm anschmie-
genden, geradezu robotoiden Extendierungen seiner Wirkkraft weit in die Außenwelt hinein, wird er
sich der unüberholbaren Natur unterordnen müssen.

Wo liegt darin der vom westlichen Menschen so
gern postulierte Fortschritt? Entsteht er in seiner
Unzufriedenheit darüber, was er vorfindet, liegt er
in seinem Streben zu verändern, alles auf sich selbst
zu beziehen, alle Natur um sich als sein Eigentum zu
betrachten, sie weiterentwickeln zu wollen, umge-
stalten, vorantreiben, fortschreiten zu lassen? Was

der Mensch so distanziert und unverbindlich Umwelt nennt, muss nicht gerettet werden, sie ist, was sie ist: Ein Ganzes, das sich in aller partiellen Zerstörung immerzu neu schafft und schon gar nicht vom Menschen gerettet werden muss. Was gerettet werden muss, ist der individuelle Mensch als organisch mit der Natur Verbundener, als von ihr organisch Bestimmter, als ihr Gejagter, als Fliehender und Vernichteter in ihren Fluten und Flammen. Die von Tornados Gejagten reden von Mutter Natur, auf „amerikanisch" von *mother nature*. Sie ist schon lange keine *Mother* mehr, vielmehr ein zürnender Poseidon auf allen Meeren, ein Kriegsgott Mars auf allen Fluren.

Was aber ist Fortschritt, wo doch alles Faktische vorgegeben ist und in seinen naturhaften Gesetzmäßigkeiten den immer selben Bedingtheiten unterliegt. Die Erfolgsgeschichte des westlichen Menschen liegt in seinem Selbstbild als Tatmensch, als Lieblingsgeschöpf des einen Gottes, als Vollender göttlicher Vorsehung auf Erden, als Premiumgeschöpf göttlicher Natur, als Kommissär und Subunternehmer Gottes in dessen Auftrag, in aller Selbstgewissheit sich die Erde untertan zu machen. Es bleibt das Kurzweilige der Ineinssetzung von äußerem Gelingen in Abhängigkeit innerer glückhaft ersehnter und empfundener Erfüllung. Für den westlichen Menschen ging es nie um das zeitlose Aufgehobensein in fernöstlich verstandener kosmischer, seelenwandernder Harmonie. Die innere Leere nach jeglichem Erreichen des Ziels ist aber unausweichlich, der Vorstoß zu neuen Zielen, das Finden seines Glücks in Aktivität und Arbeit, nicht in der Muße. Das rastlose Vorantreiben der Werke ist Mittel und Ausweg aus je rasch einsetzender, sogleich auch disharmonisch werdender Gefühlslage.

Glück kann also auch nicht gemeinhin als Gefühl der Freiheit von Notwendigkeit gelten, wäre darin doch unter der Befreiung vom Zwangvollen der Notwendigkeit alle Spannung aufgelöst. Doch wird erst im Zuge der Auflösung von Spannung ein Glücksempfinden möglich. Dieses spannungsgeladene Verhältnis zwischen sinnhaltiger *vita activa* und glückhaft empfundener Lösung aus ihr ist aber auch die Erfolgsgeschichte des westlich-europäischen Menschen. Es ist der technische Mensch, der Wissensmensch, der Rationalist, der Subjektivist, der Individualist, der Denker, der Erfinder, der Entdecker, der Forscher, der Eroberer, der Kolonialist, der Imperialist, der Kriegstreiber, der Industrialisierer, jener, der über viele in der Welt Glück wie Unglück gebracht, kulturell dominant die Christianisierung und zivilisatorisch die Europäisierung der Welt erreicht hat. Es ist die in alle Welt exportierte, globalisierte Europäisierung, die alle haben wollen, unter deren humanistischem Dach alle leben wollen, mit deren Geist und Stil sich alle schmücken wollen bis hin zu den glücksversprechenden Life-Style-Labels, den architektonischen Ambienten, den Parfums, den modischen Accessoires bis in alle Kontinente.

Glück auf schwankendem Boden

Braucht das Glück seinen Boden, auf dem es entstehen, seinen Acker, auf dem es sprießen, seine Fluren, auf dem es gedeihen kann? Muss es unter äußere Bedingungen gestellt werden für sein Entstehen? Kann der Mensch die tausendfach aus Büchern, Schriften und Seminaren verkündeten Wege und Weisheiten des Glücks allein in der Zentrale des Ichs finden, sein Glücksziel allein in sich selbst erreichen? Kann er über den Weg von Tugendlehren sein Glück prolongieren als innere Haltung? Ist jeder einfach nur nach alter Spruchweisheit seines Glückes Schmied? Würde nicht schon das Glück gefunden sein, jeden Tag so zu leben als sei er der letzte, wie es schon der Rat seit Zeiten der großen stoischen Glücksphilosophen *Seneca* und *Marc Aurel* nahelegt? Erfüllt es sich allein im Innenraum des Einzelnen? Ist Glücksverwirklichung in äußere Rahmen gestellt, entzaubert, wenn damit gemeint ist, dass Staatliches, Politisches, Gesellschaftliches, Ökonomisches zu seinen Vorbedingungen gehören, konstituierend wirken? Braucht es zum Glück so etwas wie Bildung, Qualifikation, Erkenntnis in irgendeine Richtung? Gibt es Glücksqualitäten, die von besagten äußeren Faktoren unterschiedlich eingefärbt werden? Nicht nur, dass jeder Mensch glaubt, sein je eigenes Glück zu haben, so haben auch Gesellschaften, Ethnien, Gruppen, in die der Einzelne eingebunden ist, ihre je eigenen, die Gesamtheit ihrer Mitglieder prägende Glücksmuster. Ist Glück als Phänomen pankulturell, global, universell?

Nur des Nachdenkens wert, nicht schlüssiger Antworten zuzuführen, sollen einige historische wie aktuelle gesellschaftlich befragte Hinweise sein - wie nämlich Glück entstehen kann, wenn Menschen im Hungersold stehen, wenn Frondienst, Leibeigenschaft und Sklaventum niederdrückend auf jeglichen Glückswunsch sich legen und wann immer Kriegsgeschehen glücklich genossenes Menschenwerk und –leben zunichte macht? Was geschieht mit dem Glück, wenn erdgeschichtliche Mächte am glückszerstörenden Werke sind, Zerstörungswut der Natur in ihrer vulkanischen, asteroiden, ozeanischen, von Menschen mitverursachten fluten- und flammenzerstörenden Gewalt zunichtemacht, was des Menschen Inbegriff von Lebensglück ist, seine Welt, seine Nächsten, seine Heimat, sein Heim. Endet hier das Glück, verliert es sich auf schwankendem Boden, verzieht es sich vielleicht noch in Nischen, gedeiht es sodann nur in kürzesten Momenten bei nichtigsten Anlässen, in erbärmlichsten Ausstattungen, wenn die kleinste Hoffnung, die geringste Gabe für Augenblicke wohliges Empfinden hervorruft, wenn für Sekunden aller Jammer vergessen, ein Dach schützend gedeckt, ein Raum vor Wind und Wetter Zuflucht bietet, eine wiedergefundene kleine familiale Gemeinschaft wieder Vertrautheit schafft? Haben wir aber in naturschädigender Übertechnisierung es erreicht, dass wir in dieserart Hochzivilisation ebenso machtlos Naturgewalten gegenüberstehen wie zu Jäger- und Sammlerzeiten und deren Habitus wieder einnehmen als ohnmächtig Bedrohte gegenüber zerstörender Naturmacht.

Der Mensch, der Erkenntnismensch besonders, will Begriffe fassbar werden lassen, sie als *abstracta* mit *concreta* füllen. So wurde das Glück, besonders seit Soziologie als Erkenntnisdisziplin des immer differenzierter werdenden Diesseits mit *Auguste Comte* (1798-1857) in die Welt kam, auch empirischer Gegenstand der Forschung. Der utilitäre Zugang zum Glücksbegriff begann soziale Indikatoren mit einzuschließen, die einen Zusammenhang mit dem Zustand psychischen Wohlbefindens oder ganz allgemein dem Freisein von Leid, Anspruch auf Fürsorge bei Krankheit und Not herstellen. Schon der Zahnschmerz ist aber ein Quertreiber des Glücks. Bei allem Vorbehalt in der Begriffswahl vom Wohlbefinden als Ingrediens dessen, was zum Glücksempfinden gehört, werden in der trendbildenden Studie „Politik und Glück" (1977) denn auch Indikatoren herangezogen, die zu den Vorbedingungen gehören, die gewissermaßen die gesellschaftliche Vorleistung in Massengesellschaften ist für das Gemeinschaftliche und die Entstehungsmöglichkeiten für individuelles Glück.

Ein weiterer untrennbar mit dem Glück verbundener Begriff betrifft die *Quality of Life* als umfängliches Spektrum, regional und ethnisch aufgeteilt nach Einzelausprägungen. Sie reichen von Gesundheit, Ernährung über Arbeitsleben, familiales und politisches Umfeld bis zur allgemeinen sozialen Sicherheit und subjektivem Wohlgefühl. Solcherlei als Zustand körperlichen, geistigen, sozialen Wohlempfindens bezeichnete Lebensqualität, die auch im Verständnis der Weltgesundheitsorganisation gelten, kann denn auch nur glücksunabhängig korrelativ über vergleichend-soziale Indikatoren und auf positivistisch-empirischem Befragungsweg ermittelt werden (Stichworte wie *Quality of life* in Verbindung mit *happiness* bzw. *Glück* führen im Internet zu unzähligen Quellen inkl. dem *Journal of happiness Studies* oder dem *Glücksarchiv*).

Und selbst der Begriff der *happiness* ließe sich in seiner etymologischen Nähe zum Verbum des *to happen* als *geschehen* hinterfragen, ob mit dem amerikanischen, verfassungsrelevanten *Persuit of happiness* das Utilitäre, das Machbare, das Steuerbare, die soziologisch-psychologisch erfasste eher pragmatische Seite im Vordergrund steht. Es gälten in diesem happiness-Verständnis also vorrangig äußere Faktoren für ein zum Gelingen gebrachtes Wohlbefinden und Zufriedensein. Wer philosophisch-pragmatische Begründungen erfahren will, widme sich den amerikanischen Philosophen *John Dewey* oder *William James*. Aber schon ein typisch amerikanisches *Keep-smiling* signalisiert sozialisiertes Verhalten in Richtung hin auf ein äußeres Signalisieren von *happiness*. Aus Zeiten der alten Siedler, Pioniere und Frontier-Leuten wird es stammen, die in amerikanischen Weiten den hinzukommenden Siedler, *pionier* oder *frontier man* als erstes einmal mit einem Signal ihres Glückes zu begrüßen. Denn wer Glücklichsein nach außen zeigen kann und will, von dem komme nicht Neid, noch Begehrlichkeit, noch Raubsinn, die der Gast, der Nachbar, der Mitwirkende zu fürchten hätte. Für Momente oder auf Dauer ist er Unabhängiger und Eigenständiger im Land der grenzenlosen Hoffnung und somit ein mit ihnen Freier und Gleicher und ein dem engen, hierarchisch einschnürenden Old Europe Entkommener. Deshalb ist der mit Glücksempfinden eng verbundene Freiheitsbegriff so dominant. Der *Persuit of happiness*, das Glücksstreben, hält seinen Rang als Verfassungselement wohl schon dann, wenn gesellschaftliches Niveau oder persönlicher sozio-ökonomischer Status unter seinesgleichen aufrecht zu erhalten ist oder zu erreichen sein wird. Klischeehaft gesagt: Wenn im Tellerwäscher nicht die Hoffnung stirbt, einmal die *happiness* zu genießen, Millionär geworden zu sein. Das Glück als pragmatischer Geschehensbegriff mag die amerikanische Perspektive im Gesamten dessen sein, was die Menschen überregional, übernational, überethnisch als religiöse, philosophische oder anthropologisch begründete Universalie zu einen vermag.

Glück und Mensch im Mittelpunkt

Der Mensch empfindet sich immer im Zentrum der Menschheits- und Weltgeschichte. Wie könnte er auch anders, da sich doch Raum, Zeit und Geschehen um ihn drehen, er vom eigenen Lebensmittelpunkt aus seinen Blick- und Handlungspunkt einnimmt. Er allein steht im Austausch aller Energien, die auf ihn wirken und die er ausströmt. Die Anstöße von außen und aus dem Innern heraus zwingen zu unablässigem Handeln, bis für Momente der ideale Zustand, das Gleichgewicht der Energien, die Harmonie erreicht ist. Glück ist denn in seinen Graden allein das Mehr oder Minder, über kürzere oder längere Zeit sich einstellende seelische Gleichgewicht, ist wie ein Pendel, das für vielleicht nur unendlich kurze Zeit in Ruhe am Umkehrpunkt ankommt. Das Glück ist nicht vom Statischen bestimmt, sondern von gefühlhaft positiv verspürten, ruhenden Momenten, wie sie sich an Erfüllungspunkten des Geschehens ereignen. Und dennoch sind wohl stets auch Momente des Finalen erreicht.

Also: Aufgabe getan, Termin wahrgenommen, Abschluss gelungen, Gefühl von Sollen und Last vorbei, Pflichten und Erwartungen erfüllt, Gesundheit bewahrt. Die *pax*, also der Friede ist für Augenblicke nach innen und nach außen hergestellt. Der Friede nämlich zwischen widerstrebenden Kräften im innersten personalen Gefüge und in Einigkeit mit der Welt. Und so ist schließlich der Friede im höheren Sinne auch nichts als ein Moment spannungsfreier Beziehung zur Welt, zur naturhaften, auch göttlich genannten höheren Ordnung.

Eins-Sein mit der Welt, in ihr aufgehoben sein, Ruhe finden, aus allem Gefügten wieder Kraft schöpfen, Ressourcen finden, alles Emotionale in die positive, stärkende Richtung lenken können, für Augenblicke seine Kräfte nicht gegen Destruktives und Negatives mobilisieren müssen: Das sind die vorbereitenden Komponenten für das, was der Synthese des Glückhaften den Boden bereitet. Glück also in seiner grundsätzlichsten Ausprägung, sein zu können, wie man ist, ohne Verstellung, ohne Verbergen, ohne innere Spannung, in Harmonie mit sich selbst, unangefochten im Blick des Anderen. Aber sogleich fragt sich, ob Geordnet-Sein, jenes Alles-an-seinem-Platz, jenes Überraschungslose dem Glücksauslösenden nicht auch abhold ist, wenn dem Glück in seinem lichthaften Aufleuchten, seinem vexierhaften umschwingenden Gemütsmoment nicht auch die Unabhängigkeit, geradezu Freiheit seines Entstehens genommen wird, ob nicht doch gerade ein wenig aus der Überraschung des Diffusen, aus dem Noch-nicht-der-Ordnung-Zugeführten, dem noch nicht klar Verorteten, dem auch noch im Stadium des Chaotischen, dem leicht Undurchsichtigen, nicht ganz Erkannten, dem Überraschenden, dem Unangemeldeten, dem Unwiederholbaren, dem Unreflektierten wie mythische Momente das Glückhafte emportaucht?

Glück als mythische Macht

Nur Fragen können gestellt werden, die die Antwort in sich tragen. Denn Glück ist vorrational. Versetzt es denn auch in den Zustand der Unschuld im Augenblick des Wirkens? Steht Glück in seinen intensiven Formen auch in Verwandtschaft zum Ekstatischen, zum Rauschhaften? Wirkt Glücksbegehren wie eine Sucht nach einem Immer-Wieder, einem Immer-Mehr? Will Glücksbegehren ständige Steigerung? Ist ihm ein Übermaß abträglich wie Extreme auch der Liebe abträglich sind? Nimmt es dafür Vernichtung, Schaden in Kauf, an Dingen, an anderen, ja, an sich selbst als glücklich sich empfindender Mensch? Entzieht sich Glück aller Autorität? Liegt im Glück immer Wahrheit, so wie in der ungeteilten Welt des Mythischen immer der Zustand der Wahrheit war? Stehen Glück wie Glauben und Offenbarungslehre in vorrationaler Nähe zur Welt des archaisch Mythischen? Sind Glück und Glaube nicht verwandt, weil sie im Gefühlhaften verortet sind, im Ganzheitlichen keine partikularen Teile gewahr werden können und wollen? Ist Glück nicht immer im Zustand des grundsätzlich Undifferenzierten? Widerspricht Glück als purer Aspekt des Ganzheitlichen also nicht auch grundsätzlich der Erkenntnis als Synthese nämlich der Differenzierung, des Dialektischen, der Komplexität, als dem Prinzip des Analytischen? Ist Glück nicht, weil es dem Gefühlhaften zugeordnet ist, auch gänzlich dem besagt Willentlichen entzogen? Wird mythischer Urgrund zunehmend zerstört als Ausdruck des Subjektivsten, wie es der Mensch allein im Glück finden kann, wenn in dem Maße, wie mit Wissenschaft und Erkenntnis der Mensch als Subjekt aus sich heraustrat und sich zum Objekt von Forschung und Analyse gemacht hat? Setzt also der Mensch sich selbst cartesianisch dem Prinzip des Zweifels aus? Soweit wieder Fragen und Antworten in einem.

Glück jedenfalls kann nicht im Zweifel entstehen. Nicht in Zerrissenheit. Glück ist emotionales Mono-Tasking, das nicht in Multitasking aufteilbar ist. Es ist ein alles oder nichts. Es ist im Augenblick des Wirkens ein Vergessen der Endlichkeit und der Unvollkommenheit des eigenen Seins, birgt eine Ahnung vom ewigen Leben, ist aus präziser Zeitrechnung herausgenommen, ist Heraustreten aus der Geschichte, ist Ausdruck momentan erreichter

Ganzheitlichkeit. Glück ist auch nicht kompensier- und ersetzbar. Es spielt sich im Vorbewusstsein ab, ist Ausdruck eben jenes mythischen Urgrunds, aus dem jede menschliche Existenz ihren Ausgang nahm und nimmt. Selbst im Angesicht von Elend und Not stellt sich Glück ein. Glück ist grundsätzlich indifferent. Glück ist also jenes Vergessen im Moment des Wirkens, ist ohne Vergangenheit und Zukunft.

Glück und das Schöpferische

Gehört das Schöpferische zum Glück? Ist beides aufeinander bezogen, weil beide Momente des Irrationalen im Glück wie im Schöpferischen zusammen wirken, vereint mit dem Genialischen, dem Über-sich-Hinaussein, der Transzendierung? Ist also Kunst als Ergebnis des Schöpferischen in der Umwandlung, wenn auch nicht in der Neuschaffung von Realität, genuine Quelle des Glücks? Eine Tat allein, sei sie politisch, sei sie individuell lebensbezogen, schafft Befriedigung des Erreichten. Das künstlerisch Transzendierende einer Tat in Bild und Darstellung, in Symbol, im umwandelnd Vergegenwärtigen, im verklärend Erinnernden, im visionär Vorausschauenden, im künstlerisch Schöpferischen also, all dies löst eine wie immer sich ereignende Resonanz im Unbestimmbaren eines Glücksempfindens aus. Der Mensch ist ja so gott-nah, weil er als

Naturwesen einzig und allein über Schöpferkräfte verfügt, weil er Gestalter sein kann, Welten real und künstlerisch phantasiert zu schaffen vermag, sich, wie die Kulturlehre sagt, eine zweite Natur geben kann.

In all dem liegt das Transzendierende, das Über-sich-Hinausgehende, Aus-sich-Heraustretende, Über-sich-Hinauswachsende, das Sich-selbst-Wahrnehmende, das Sich-selbst-Bewusstwerdende. Nur unter Voraussetzung solcher Momente ist Schöpfertum möglich. Das ist es, was einzig dem Menschen die eigene Seins-Weise an Glücksmomenten vergönnt, was das Tier in seinem Immer-bei-sich-Sein nicht erleben kann. Das Überhöhende, das Metaphysische selbst ist ja so eigentümlich und bezeichnend für den Blick des Menschen auf sich selbst. Ein Tier kann sich nicht erhöhen, auch wenn es in Löwenerscheinung vor uns tritt. Für den Menschen liegt das Sich-Erhöhende in vielerlei Gestaltung dessen, was Sache, was Realität, was gar Banalität und Alltäglichkeit ist. All dies ist ja eher das Eigentliche, also das, worauf es ankommt, ohne das der Mensch nicht leben kann im Reich der Notwendigkeit. Denn alles ist ihm transzendierfähig, ist kunstfähig, wenn Tisch oder Konservendose in erhöhend-künstlerischen Kontext des musealen Exponats gestellt erscheinen. Dann gilt hier im gesteigerten Sinne, dass im Künstlerischen positive Einzelgefühle erscheinen und im ganz individuell empfundenen Gelingen die Höhe des glückhaften Augenblicks erreicht.

Glück und Transparenz

Dem Mythischen widerstrebt die Transparenz. Doch unsere Zeit ist von nichts stärker geprägt und durchwirkt in der als Medien- und Informationsgesellschaft bezeichneten Zeit als von Transparenz. Es ist eine Transparenz, in der auch Glück wie Unglück aus der Privatheit herausgerissen, geradezu inszeniert, kollektiviert, trivialisiert und boulevardisiert werden und öffentlich erscheinen. Transparenz ist aber auch verbunden damit, dass der Erkenntnisgang sich anreichert mit Hintergründen von Ursache und Wirkung, mit Schritten vom Vorurteil zum Urteil und dem Entreißen aller Fremdheit. Dies geschieht durch Medialisierung individueller, sozialer und politischer Geschehnisse. Und im Zuge medialer Globalisierung oder globalisierter Medien erscheinen fernstes Glück und Unglück näher als nicht selten das hinter Türen im eigenen Haus.

Und noch etwas hat mediale Transparenz zur Wirkmacht über Glück wie Unglück werden lassen, wenn sie Prozesse in Gang setzen hin auf die Wege der besagten Menschenrechte. Auch die politischen und militärischen Gewalten sind sich medialer Denunziation nicht mehr sicher, so abgeschirmt hinter Mauern und Geheimverschlüsselungen sie sich auch verbergen. Ein Perspektivenwechsel ist im Gange, das Geheimnisvolle verflacht angesichts elektronisch geleisteter Offenlegung banaler Machtstrukturen. Miniaturisierte mobile Enthüllungsgeräte in jedermanns und jederfraus Hand, geradezu in des Volkes Hand übernehmen, was einst die Aufklärung als Aufgabe sah. Ein basisdemokratisches Element, welcher Zielrichtung oder Qualität auch immer, gewinnt an Stärke in den Gesellschaften, schafft ins Massenhafte gehende interpersonale, nicht selten geradezu glückhaft rezipierte Verbindungen in Stadt und Land, verbindet Gleichgesinnte, Aktivisten untereinander, dekuvriert politische Exekutiven, die im Nimbus der Macht nach eigenen Regeln über Land und Leute herrschen. So bleibt also immer mehr das einst Mythische, wie es auch selbstherrlicher Macht zugesprochen wurde, außen vor. Das Abenteuerliche, das Heldenhafte, der Kampf mit Mächtigen und Herrschern, mit Drachen und Ungeheuern, mit der Macht des Numinosen und des Schicksalhaften, Kriege mit Reichen des Bösen, sie allesamt sind aufgelöst in Bits und Bytes, in Pixeln, auf Bildschirmen groß und klein. Mythischen Mächten können wir – freilich außer im aktuellen Kämpfen gegen Diktatorenrelikte der Heutzeit – gerade noch nachempfinden in historischer Biographik, in Götter- und Heldenepen, in Sagen und Märchen.

Glück und Technologie

So wie aber gerne noch von unserer einstigen Jäger- und Sammlernatur geredet wird, so muss auch die physisch-emotionale, die geistig-seelische Verfasstheit tief wurzeln in mythischen Phasen. Das Suchen des Rauschhaften im Erleben, im Wettbewerb von Kampf und Wettstreit, im Vitalismus, aber auch im glückhaften Wunsch nach Eins-Werden mit Natur in Berg und Tal, auf Flüssen und Seen, im ständigen Wunsch nach kräftespendender, naturverbundener Harmonie ist uns geblieben. Die erlebnishafte Seite wird parallel durchdrungen von rational, utilitär waltenden, technisch basierten Strategien der Lebensmeisterung. So wie dem Menschen einst zugerufen wurde, sich die Erde untertan zu machen, so ruft er sich nun selber zu, sich die wie halbe Göttermacht wirkende Technik zunutze zu machen. Technische Leistung wird Heldenleistung zu Lande, zu Wasser und in der Luft. Der Mensch bleibt aber mit der Technik, was er war. Die technische Extendierung seiner Kräfte bemisst sich quantitativ, nicht qualitativ. Jeder vereinnahmt technisches Equipment nach seinen Gaben und Ressourcen. In ihrer zivilisatorischen Beschaffenheit durchdringt die Technik den kulturellen Raum, steuert den Menschen, soweit er sich steuern lässt. Vielleicht aber umgibt Suche nach mythisch heldenhaften Leistungen auch in technischer Steigerung besonders da noch Glanz, wo es um Erhalt der Lebensgrundlagen

der Menschheit geht, wo Menschenrechte, wo Tier-
rechte, wo der Lebens- und Überlebensraum uns allen ein Leben in Freiheit, Würde und Gerechtigkeit
geben kann. Die Erde war und bleibt schließlich der
Ort als Habitat eines immerzu auch glückhaften Mythos der Menschheit.

Nicht von ungefähr schlossen sich rational bestimmten Epochen immer wieder emotional gestimmte Gegenströmungen an: Von scholastischer
Lehrmeisterei zur Mystik, von rational-humanisti-
scher Phase zur barock-apotheotisch glück-schwel-
gerischen Opulenz, von aufklärerischer Klarheit
zum emotional ungestümen Sturm und Drang, von
der Strenge der Klassik zur geradezu glückssuchen-
den Romantik, in der im Traum, in vergangenen
Epochen, in Sagen und Märchen im Sinnbild der
blauen Blume glückshafte Erscheinungen gesucht
wurden. Und wo Ratio, Verstand, Vernunft, wo
Technik, Zivilisation im Spiele sind fern von Gefühl
und getrennt vom Zustand des Glücks, da wendet
die menschliche Natur einfach die Begriffe, lässt sie
durch die Welt der Psyche passieren, durchtränkt
Rationalität und Technik mit Gefühlhaftigkeit und
öffnet die Passagen in die Möglichkeiten glückhafter Empfindungswelt. Die Handy genannte mobile
Gerätschaft unterwegs bei Jung und Alt, auf Straßen
und Plätzen, ihr nicht selten von Glücksstrahlen be-
gleiteter Einsatz nach heiterstimmenden Klingeltö-
nen sind Symbol geworden.

Glück und Sinnfindung

Das Glück will nicht an die Kandare genommen werden, es will Erleben, und sei es noch so technologisch basiert. Mehr noch: Glück bleibt Erleben in seiner subjektiv und individuell ganzheitlichsten Weise, sei sie schlicht oder differenziert. Glück öffnet sich nicht dem Rationalen. Es entschwindet wie der Regenbogen, wenn das Licht entweicht. In dieser Weise ist im Glück alles enthalten, was es im Lichte, im fernen Leuchten erhellt, in Farben taucht, unabgegrenztes Empfinden auslöst. So ist es also auch Vision, Selbsterhöhung, nicht Unterwerfung unter den Zwang des Faktischen, es ist Wahrheit im Sinne gefühlshafter Unbedingtheit. Das Glück kann nicht wollen, es ist einfach.

So bleibt denn also: Zur Synthese positiver Einzelgefühle in einem allumfassenden Glücksgefühl wird der Mensch allein im lebensnah Primären gelangen. Und da aller Sinn des Lebens aus dem Primär-Eigentlichen strömt, hat der Mensch seine Sicht von sich selbst in ein unendliches Spiel der Selbstinszenierung getaucht: im Wunsch, somit den Sinn des Lebens gefunden zu haben, im Augenblick eines Geschehens den Sinn aufblitzen sehen, sein Tun über das Primär-Eigentliche hinaus sodann in ein eher sekundär-uneigentlich transzendiertes Eins-Sein mit dem Ganzen zu wähnen, sich plötzlich in Harmonie mit sich und einem Mitgeschöpf zu entdecken, in einem idealen Zugeordnet-Sein einer Sache, eines Sachverhalts zu seinem eigenen Ich zu stehen. Mehr noch: Den Wunsch der Selbsttranszendierung belässt der Mensch nicht beim rezeptiven Aufnehmen glückhafter Momente. Er schafft sie sich aktiv als Momente des Sinn- und Glücksempfindens über alle tägliche Lebensmüh hin. Denn das Eigentliche ist ja nur bloßes Handeln einer mehr oder weniger lebenserhaltenden Sache wegen. Nahrung sucht auch das Tier und das Technische ist für den Menschen nur die wertfreie Extendierung seiner Befähigungen und instrumentellen Reichweite. Was den Grundgesetz-Artikel von der Würde des Menschen so auszeichnet und genial das Wesen des Menschen auf den Punkt bringt, ist die untrennbare Verbundenheit allen Tuns des Menschen mit seiner reflektierenden Sinnhaftigkeit. Er kann nicht anders, als sich wertend zu sehen. Das ist es, was vom Begriff der Würde überwölbt wird. Darin ist sie überhöhend uneigentlich, weil nicht notwendig zum biologisch-mechanischen Tun gehörend. Aber sie ist die primäre Voraussetzung für Glücksempfinden, selbst da, wo Würde von außen, von Unrechtsjustiz in Lagern, hinter Mauern zerbrochen wird. Im Innern des Bewusstseins scheint auf in seins-bestimmender Qualität, dass dem Menschen die Würde nicht genommen werden kann.

So müssen wir in literaturphilosophischer Perspektive nicht allein das Tragische als Überhöhungselement des Menschlichen heranziehen, wir genießen seit Menschengedenken alle Selbsttranszendierung auch in würdeschaffender Verfremdung des Gloriosen, also im Ritus, im Pathos, im Festlichen, im Zeremoniellen; erwähnt war auch das Selbsthistorisierende, jener Rückschau als heldische Saga auf das eigene vergehende Leben. Das widerspricht auch nicht der Tatsache, dass die technische Welt den Überhöhungswunsch für den glücksgenerierend mobil vernetzten, von Happy-Shows gebannten Menschen immer wieder auch banal und trivial werden lassen. Das weltweite Netz hat nun auf einmal den Menschen ultimativ demokratisch unabhängig von gesellschaftlicher Schicht und personalem Format in den Stand gesetzt, vieles zu erreichen, was sonst allein in hierarchischer Unerreichbarkeit nur Überirdische, Titanen, Mächtige, die Großen der Welt erreicht haben. Wie losgelassen aus engen Gattern gibt sich der Massenmensch dem Reiz hin, weltweit sicht- und hörbar zu werden, sich darzustellen, sich in Wort und Bild zu exprimieren, welcher Qualität und Form auch immer. Das zur medialen Weltmaschine gewordene Internet hat geradezu den Traum des Individuums vom ewigen, in elektronischen Welten verschlungenen Leben Wirklichkeit werden lassen. Eine neue Glücksdimension hat sich eröffnet in nunmehr möglich gewordener Selbsttranszendierung als digitales Alter Ego und als Avatar.

Bis in selbsterkennender Dimension das Schicksal vor der Tür steht, hat der Mensch seine Existenz facettenreich wie nie nach außen stülpen können, hat sich in Vergleich mit anderen Existenzen setzen können, und dies tausendfach ganz uneigentlich *à distance* in den elektronischen Netzwerken. Das technologische Surrogat scheint die gleiche Glücksqualität wie das Original, wie das Organische vermitteln zu können. Es scheint dem heutzeitigen Menschen genug zu sein, wiewohl das Schicksalhafte, das Existentielle jeden Menschen im Ur-Eigentlichen, persönlich, im individuell ganz Direkten zwischen Leben und Sterben, Geburt und Tod, Gesundheit und Krankheit erfasst. Dennoch scheint Glückhaftes auf im artifiziell Technischen, wenn es geradezu filmisch-philosophisch die Leichtigkeit des Seins suggeriert im Verlassen irdischer Schwere, in der Aufhebung physikalischer Gesetze, im Herbeizaubern digitaler Welten, im Überwinden ermüdender Alltäglichkeit. Es ist die Zivilisationsmacht, die hier am Wirken ist und in das Glück in den Bann geschlagen hat. Ist deshalb die Technik als materialisiertes Mega-Phänomen gleich der große neue Verbündete des Glücks oder bleiben seine Verbündeten jene zur Kulturmacht gehörenden Mega-Phänomene, zu denen keines so ursprünglich gehört wie das Religiöse?

Glück im Griff religiöser Macht

Mit dem Religiösen als einem Mega-Phänomen der Kultur steht in engster Verbindung das, was Ziel der Religiosität ist – das Heil, die Heilsverkündigung, das Heilsversprechen. Heil kann nur aus Quellen höchster Instanz über uns gelangen. Nichts wünscht der Mensch so sehr wie das Heil. Es ist mehr als Wohlsein, als ein Gutgehen, ein Zufriedensein. Es ist alles zugleich und unter dem Segen des Höchsten stehend. Wer von Heil spricht, hat keine Zweifel daran, dass alles vergeben ist, was in Sünde geschah, was schadenhaft im Tun war. Das Heil des Menschen ist Versprechen und Zusage des Allmächtigen an ihn, in Gnade zu stehen, Zeichen zu haben, dass des Menschen Umkehr zum Guten sich vollziehen wird, dass Erlösung am Ende steht auch aus schuldhaftem Verstrickt-Sein. Die *beatitudo*, das Gesegnet-Sein, war deshalb auch der religiöse Begriff für Glück. Das Heil als das Glück ist also transzendent überwölbt von Segen, von Gnade, das Glück hienieden selbst wie die kleine gewährte Vorfreude auf ewige Glückseligkeit. War und ist deshalb nicht auch der Wunsch, die wunderbare, doch so unstete Glückserfahrung auf Erden hinüberzuretten und fortzuschreiben in ein Habhaftsein eines ewigen Glückseligseins? Ist deshalb die Seele als ein Mensch und Gott diesseits und jenseits verbindender Topos erdacht worden, weil in ihrer physischen Unabhängigkeit von allem zerbrechlich Leiblichen allein sich schwelgen lässt in der Idee von Vollkommenheit, von Reinheit, Zeitlosigkeit, Paradiesischem, letztlich von Heil und damit in den Überhöhungen des Glücks.

Heil als Offenbarung, als Glaube, als Segnung, als Gnade des Glücks. Heilsnähe ist Glücksnähe wie Heilsferne nichts als Glücksferne ist. Heilsversprechen ist Glücksversprechen und kann nur aus göttlicher Quelle ihren Ursprung haben. Und so wird auch der Körper als das Sterbliche am Menschen gesetzt gegen die Seele als die Unsterbliche, der Körper als der Träger der Seele bis zum Moment, da sich die Seele aus ihm befreit in die Ewigkeit. Ist die Seele ohne Körper denkbar oder der Körper ohne Seele nicht denkbar? Eine Frage der Gelehrsamkeit aus Zeiten der Scholastiker. Und weil schon die antiken und frühchristlichen Lehrer viel Ahnung davon hatten, dass das Körperliche auch als Quelle des Glücklichseins in unterschiedlichster Stufung erfahren wird, so fand diese Ahnung ihre Entsprechung in der Apotheose der Wiederauferstehung des Leibes. Glück als ein Leib- und Seelengeschehen, es ist besagtes Thema geworden seit den Griechen in der *eudämonie*, den Römern in der *felicitas*, in christlicher Lehre in der *beatitudo* als Gesegnet-Sein – und immer im Sinne des Heils von höherer, außermenschlicher Quelle und also des Glücks, wie es *summa summarum* als Phänomen der vollkommenen Synthese gleichgerichteter positiver Gefühle erscheint.

Das Heils- und Glücksversprechen und der Glaube daran kann den religiös tief Verwurzelten aber auch in fundamentale Haltung versetzen, alles dafür zu tun, sein diesseits nichtiges Leben in Erwartung seines nur im jenseitigen Heil sich transzendierendes Lebens dafür einzusetzen, sich dem Versprechen würdig zu zeigen bis in den Tod. Der religiöse Mensch könne des Glücks in Ewigkeit teilhaftig werden, der irreligiöse aber nur trügerisch auf verschwindend kurze Zeit. In der Bildung eines Gottesstaats war immer der Wunsch offen oder insgeheim, dass göttliches Heil in ihn strahlen möge, transzendiert in übermittelnder personaler Gestalt durch den Herrscher. Wie ein Relais, ein Verstärker sollte der königliche oder religiös berufene Führer auf Erden in seinem Reich wirken in heilshafter Verbindung zu Gott. Der Zugewinn für die Untertanen in solch persönlicher Rechtsbeziehung zwischen Herrscher und Gott sollte der eines auf sie überstrahlenden und gesteigerten Glücks sein. Der hohe Preis aber wäre zu zahlen in rechtlichem und gesetzlichem Verharren, weil Gottes Gesetze auf Erden in unumstößlicher Wahrheit vom Herrscher zu verkündigen und durchzusetzen wären. Den göttlichen Gesetzen aber würden novellierend-gesetzgebende Prozesse aus weltlicher Gesellschaft zuwider

laufen. Es ist ein archaisch-religiöses Staatsver-
ständnis, das ohne gesellschaftlichen Dialog, ohne
pluralistische Widerrede gälte und über das gar
nicht konjunktivisch gesprochen werden muss, das
vielmehr bis heute im 21. Jahrhundert Modell, zumindest immer wieder Modellversuch in welchen
gottesstaatlichen oder herrscherlichen Erscheinungsformen auch immer geblieben ist.

Glück im Griff politischer Macht

Wann immer Glück im Dienst politischer Ideen ge-
standen hatte, verkam es zum Vehikel politischer
Machtinteressen. Glücksversprechen wurden Pro-
grammpunkt politischer Manifeste und Katechis-
men. Glück und Revolution liegen nahe beeinan-
der, weil Revolution meist nur partielles Glücksversprechen gewährt im Beseitigen derer, denen
Schuld an gesellschaftlichen Missständen und Un-
glücksszenarien zugesprochen wird. Glück und re-
volutionäre Utopie sind Verwandte, Utopie stets in
der Nähe des Fundamentalistischen, Glück und politische Utopie aber sind tödliche Freundschaften.

Von Menschen ausgesprochene, nicht aus göttlicher Quelle stammende Glücksversprechen sind
immer Teil utopischer Lehren und färben sich immer um in Ideologie. Utopie als zu gestaltendes
Fernziel, als Ziel der Hoffnung, als Elysium, als irdi-
sches Paradies, als Reich des Guten, als System

ohne gesellschaftliche Klassen, ohne Arme und Reiche. Glücksverwirklichung wollen die Ideengeber erreichen in der Herausnahme des Menschen aus seinem geschichtlichen Prozess, im Abschließen geschichtlicher Entwicklung hin zu einem im Endpunkt verharrenden Zustand idealen Daseins, in identischer Umsetzung von Ideal und Wirklichkeit, in bewusster Identifizierung von Welt und Paradies. Utopisten projizieren jenseitige Vorstellungsbilder ins Diesseits, deuten subjektiv Erlebtes um in der Gewissheit, die Welträtsel gelöst zu haben, im Behaupten der Vollkommenheit einer unumstößlichen und wahren Glücksidee für die Gesellschaft. In allem spiegelt sich des Menschen grundsätzliches Begehren, über den eigenen Tod hinaus zu erkennen, zu wirken und Absolutes zu setzen. Der Utopist will wie ein Heilsbringer seine Ideen auf die Gesellschaft übertragen. Er ist aber kein Heiliger, der vermag, gerechten Sinnes einen lichtenen Bogen zwischen Diesseits und Jenseits zu schlagen.

Utopisches Glücksziel zielt nämlich auf Herausnahme innerer, intimster, subjektivster, auch gemeinschaftlicher Verfasstheit aus dem Individuum selbst und Überführung in die objektive, politische Verfasstheit einer Gesellschaft und eines Staats, der doch gerade im demokratischen Verständnis vornehmlich als Rechts- und Verwaltungsinstitution – nicht als Glücksbringer fungieren sollte. So ist also Utopie auch ein Vorgang der Herausnahme des

Glücks aus subjektivster Einzelquelle und Überführen auf die Ebene des objektiv Gesellschaftlichen.

Einer Utopie, die sich Deutungshoheit über das Glück einräumt, hegt gegen alles Gemeinschaftliche Verdacht. Als utopisches Staatswesen will es geradezu in ein perverses Liebesverhältnis zu seinen Einzelsubjekten treten, wenn es die völlige Abtretung je eigenen Glücks an das gemeinsame, an das utopisch gesellschaftliche Überwesen, den Staat, fordert. Wie entlarvend war doch der angstgetriebene „Ich-liebe-Euch-doch-alle"-Spruch eines obersten Vertreters sozialistisch sich rechtfertigender Staatssicherheit vor einem ihm die Gefolgschaft verweigernden Gremium, als er vor dem Aus seiner angemaßten, vollkommenen Macht stand.

Utopien solcher Art verwechseln das Gesetz der Natur mit der Natur selbst und verstehen beides falsch. Die immer in organisch-dynamischer Bewegung befindliche Natur ist zum einen vollkommen und unüberholbar, zum anderen aber im Prozess unablässiger Balancefindung. Seit antiken Zeiten war Natur deshalb auch gedanklich immer reduzierbar als System, als Gesetz, als Gleichung, als Balance, als fragiles Gefüge zwischen Harmonie und Disharmonie. Um die glückselige, klassen- und also neidlose, von Polarität und Lebenskampf befreite Menschheits-Gesellschaft zu erreichen, müsste der utopisch konzipierte Mensch in dauernder innerer Balance verharren und beständige Harmonie er-

reicht haben, müsste im Statischen verharren können. Doch wissen wir allein aus Krankheitsgesche-
hen, dass körperliche Verfassung ständiges Hin und
Her zwischen Gesundheit und Krankheit ist und zu-
sammenhängend damit, wie das Leben selbst, auch
ein Hin und Her zwischen Glücks- und Unglücksempfinden. So wird auch höchst ungern dem System der Natur das Prinzip des Chaos unterlegt, weil
es ja keinen Moment im Chaos verharrt, sondern
immer in balance-suchender Bewegungsrichtung
zwischen destabilisierenden zu stabilisierenden
Übergängen verläuft. Auf dem Weg aus der Vorstellung, dem Erscheinungsbild von Chaos heraus, war
immer des Menschen Wunsch und Streben – reali-
sierend über den Aufbau eines gigantischen Wis-
senschaftsbetrieb – nach Erfassbarem, nach Be-
herrschbarem und somit voraussetzend auch Über-
sichtlichkeit, modern gesprochen nach Komplexi-
tätsreduzierung. All dies hat der Mensch erreicht im
Suchen und Finden von Naturgesetzen. Doch die
unendliche Vielfalt ist die Natur selbst, ihre Erscheinungsformen, ihre besagt aus Menschenblick gesehen geradezu wirr verlaufenden Einzelphänomene.
Aber immer sehen wir auch im Gewirr der Vielfalt
das Zulaufen, Zuströmen auf ein großes Ganzes, wie
ein aus unzähligen Rinnsalen bildender Strom der
Einheitlichkeit, wie sie der Begriff der Natur selbst
nahelegt.

So konnte der Utopist durchaus seine Idee von Einheitlichkeit und glücklichem Leben aus fernster Vergangenheit eines, wenn auch nie geschauten goldenen Zeitalters der Menschen in die Gegenwart zurückwünschen. Er konnte rousseauisch den glückhaften Zustand in einem Zurück zur Natur wähnen. Immer aber will der Utopist im Glücksversprechen revolutionär gestimmt an den Anfang setzen, was am Ende steht, im Heute, was erst die Zukunft zeigen kann, will das Ergebnis vorweg als Gesetztes, will Vorbestimmtes, will immer das Ziel, nicht den beschwerlichen Weg, will das Unbewegte, das als Objekt für politische Maßnahmen eindeutig Erfassbare, will das klare Gesamt- und Einheitsbild eines großen Stromes, nicht seine unendlich vielen, wilden Zusammenführungen, will den fertigen Menschen als Herrscher-Fürchtigen, als sozial Versorgten und Gelenkten, nicht als autark Lenkender, will ihn als Autoritätsgläubigen nicht Autoritätszweifler. Der Utopist will das gleichgeschaltete Glück.

Und wenn wir im uns vertrautesten, weltgeschichtlich bedeutendsten Utopie-Experiment bleiben wollen, so nimmt der Utopist auch Reduktion in Kauf in sozialistischer Einheitskunst, in Reproduzierbarkeit und Vermassung. So kann in Krisen materieller Existenz nach sozialistischer Lehre in materieller Not nicht einmal seelische Zuflucht, vielleicht Vergessen in der Kunst gesucht werden, soll sie ja schließlich nichts als die platte materielle Welt wiedergeben. Der politische Utopist ist wie der Fanatiker intolerant und kompromisslos, will unbedingtes Nachfolgen nach seiner aus Manifesten gewonnenen Überzeugtheit. Er reklamiert sich als Wahrheitsvertreter. Aktives Denken als Prozess unabgeschlossenen Infrage-Stellens ist ihm suspekt, Emanzipiertheit nicht willkommen. Er selbst hat zu Ende gedacht, hat es für alle anderen, die ihrerseits keiner Anstrengung eigenen Denkens mehr bedürfen. Er ist der Anti-Pädagoge in aller Ablehnung pädagogischer Prinzipien glückhaft empfundenen selbstverantwortlichen Handelns, eigenen Erkennens und Urteilens, des aus erzieherischer Aufsicht entlassenden Reifens, der selbstbewussten Lebensgestaltung. Der Utopist ist Radikaldemokrat, weil er Glück für alle will, keiner ausgeschlossen werden darf, jedem das gleiche Glück zuteil werden muss.

Und im Ressourcenmangel an zufließenden gemeinschaftlichen, gesellschaftlichen, kulturellen Merkmalen für ein Glücklichsein strebt der Utopist bewusst nach utopisch erdachter Einschränkung individueller Vielfalt, vereitelt in vorgegebener Programmatik auch des Menschen Wunsch nach Erhabenheit, nach Souveränität und Würde, hindert ihn am aufrechten Gang, wie dies nur in Persönlichkeitsreduzierung erfüllt werden kann. Systemzwang bannt kreative Kräfte, stürzt in Selbstzweifel, führt zu Schuldzuweisung gegen sich selbst zur Selbstbloßstellung und andere zum Selbstschutz.

Der Staatsbürger wird zum psychoanalysierten Probanden. Der Kritiker, der Opponent zum Psychotiker, der Staat zum Psychiater ohne Analysierungskompetenz.

Paradoxerweise wollen Utopien die Gerechtigkeit. Doch wer unerreichbare Gerechtigkeit als Glücksideal konkretisieren will, der muss Recht zerstören, der wird Überzeugungstäter, der muss das Private, die Familie, die Gesinnung überwachen, alles zum Juristischen und Politischen erklären. Mit all ihren Überwachungsausschüssen endete die Französische Revolution 1794 da, wo ins Werk gesetzte politische Utopie und Gerechtigkeitswahn enden muss: in Terror und Zerstörung. Die Glücks-Utopisten wurden zu Glücks-Terroristen. Endete sie aber als geistige Utopie, als nicht ins Werk gesetzte, doch weiterwirkende Idee? Ja und Nein! Denn aus ihrem Glücksanspruch erwuchs und erweiterte sich auch das Bild vom Menschen als einem Wesen mit Recht auf Glück und in unauflösbarer Verbindung damit auch mit Recht auf Individualität, im Fortgang also des Menschen Anspruch auf konkretisierte Menschenrechte in realen, demokratisch verfassten Lebensverhältnissen.

Mit all ihren Staatsicherheitsbehörden endete auch die kommunistisch-sozialistische Utopie da, wo sie enden musste: In der Auflösung der sozialistisch-politischen Konkretisierungen, wie es die Staaten des Ostblocks mit ihren glücklich fahnenschwingenden Volksmassen bis um das Jahr 1990 waren. In Ironie der Geschichte scheiterten sozialistische Gesellschaften genau da, wo sie ihre Stärke proklamierten: am Prinzip des Primats des Ökonomischen. Sie endeten verlustlos als Fußnotenapparate der Weltgeschichte, endeten statt im Reich der Freiheit in dem der Notwendigkeit des Scheiterns allen Dogmatismus, mussten in Auflösung enden, weil sie Realität und Erfahrungsschatz der Menschheit nicht achteten, ließen Bibliotheken voll ideologischer Weltdarstellung zu Makulatur werden. Die sozialistischen Staaten wollten nicht nur die Vorbedingungen für Glück schaffen, wie es auch Aufgabe demokratischer Gesellschaften ist, sie wollten selbst Interpretator, Verwirklicher, Bestimmer, Schöpfer dessen sein, was Lebensglück der je einzelnen Menschen zu sein hat, sie wollten Sozialisierer und Beherrscher des Glücks eines ganzen Volkes sein. Die kommunistischen Führungen haben Politik, die sich allein mit Fakten, mit dem Gegebenen zu befassen hat, als Monopol über die Idee an sich gestellt und alle Ideenkontrolle in oberste Gremien der Partei, die immer Recht hat, angesiedelt. Jede Idee, jeder Gedanke entsteht aber aus grundsätzlicher Freiheit im Innenraum des Menschen. Wiewohl der Mensch Gleicher unter Gleichen ist, so sind im Innenraum des Geistes im besonderen Maße seine Individualität und seine Subjektivität verwurzelt. Sich genau ihrer zu bemächtigen ist aber heimlichstes Ziel aller Glücksutopie. Eine Uto-

pie dieser Art, auch als sozialistische gekennzeichnet, beweist, dass sie mehr als aller Absolutismus
will. Sie will sich des positiven Innenraums im Menschen, des Orts der Tugenden nämlich, bemächtigen, da wo sich aus ihnen Haltung formt. Formung
und Bildung von Tugenden aber zerfallen, sobald sie
das innermenschliche Habitat verlassen, denn einzig im Menschen selbst haben sie als motivierende
Kräfte ihren Ort. Und bei all des Menschen Unvollkommenheit und Relativität gehören die aus seinem innersten wirkenden Tugenden zu den vorbereitenden Fundamenten des Glücks.

Utopistisch absolut gesetzte, vereinheitlichte und
vergemeinschaftete Tugendwerte vernichten also
die Tugend selbst, ist sie doch zunächst gegründet
auf individuell ausgerichtete habitualisierte, einge-
übte Haltung des einzelnen Menschen. Tugend
muss von innen heraus wirken und nach außen
seine Wirkung zeitigen. Da ist sie wie das Glück per
se ausgezeichnet als regelloses privat-subjektives
Haltungsgeschehen. Tugend wie Glück müsste also
in utopistischer Strenge ersetzt werden durch re-
gelhafte, gesellschaftlich-intersubjektive Tugend-
und Glücksvorgabe. Das utopische Staatswesen
selbst spielt sich auf als Entität, als Individuum, als
Subjekt, das ein Recht auf verordnete Glücksbe-
stimmung hat. Seine Unter-Subjekte, die Menschen, sind nichts als Gefolgschaft, als Partikel der
Wider- und Rückspiegelung eines Glücks, das der

Staat, genauer die Partei, noch genauer die für die Reinheit der Lehre zuständigen Parteigremien als ideologisch bestimmte Dimension vorgegeben haben.

Als Utopie entzieht besonders die sozialistische den Mitgliedern der Gesellschaft alle historische Identität, ihre familialen Gliederungen, ihre auch symbolisch-rituelle Verbundenheit zur Kultur, wie es primär Religion und Kunst sind und vorherige Vielfalt von Quellen des Glücks bilden und ersetzt werden durch herkunfts- und gesichtslose Einheitlichkeit parteigeführter, eigentumsloser und gleichgeschalteter Masse. Und so blieb denn sozialistischen, und bleibt wohl auch weiterhin sektiererisch religiös-fundamentalistischen oder allgemein revolutionären Utopisten nichts anderes übrig, als unter Androhung finalen Glücksentzugs auf Scheiterhaufen, Schafott, in Gefängniskellern, in Arbeitslagern und hinter Mauern und Stacheldraht sich ihre zu beglückenden Massen zu disziplinieren. Daher versteht sich auch, dass eine Utopie keine andere neben sich duldet, dass ihr gottgleiches Allwissen von der Bestimmung des Menschen im Glück nicht durchkreuzt werden darf von einer Utopie, die ihr Ziel aus anderer Perspektive und auf anderem Weg erreichen will. Und ein Bild davon, wie bissig und revierbedürftig Utopien sind, lässt sich verfolgen in den Streitschriften sozialistischer Schulen und Gesellschaftskonzepten seit Karl Marx und bis zum Fall der kommunistischen Staatsysteme. Im Fazit mündet die Utopie, die den Staat zum vollkommenen Glücks- und damit auch Wahrheitsträger erhebt, in die nicht fern liegende Frage, ob am utopistischen Endziel der vollkommen gewordene Mensch des Strebens nach Glück überhaupt noch bedürfe. Gemeinsam ist den Utopien, dass die Autonomie vom Einzelmenschen weggerissen werden soll.

Deshalb auch bleiben die Menschen unter utopisch-konstituierten Gesellschaftsentwürfen so klein und grau, dürfen sie sich doch nicht über sich selbst und über das gesellschaftlich Vorgegebene hinaus erheben, dürfen nicht ihre glückhafte Erfüllung finden im Kreativen, in künstlerischer Verfremdung und irrealer Versinnbildlichung oder im Fliehen aus vielleicht hässlicher Wirklichkeit in Stil und ästhetisch entworfener Schönheit, im Schaffen von Neuem, im nie Dagewesenen. In Konsequenz daraus erklären sich glückszerstörerischer Fanatismus und Intoleranz als verzweifelt eingesetzte psychologisch gesteuerte Instrumente der Durchsetzung utopistischer Ziele. Ihnen zieht aber letztlich allein Realität und Wirklichkeit die Grenzen: im Laufe der Geschichte, im Vollzug praktischer Anwendung, im Stellen der utopischen Lehre vom Kopf auf die Füße und im Erfahren von Irrtum und Scheitern. Wahrheit und Wirklichkeit werden auch nicht durch noch so ausgeklügelt theoretisierte Weltsicht aufgehoben. Die utopische Gesellschaft ist da geblieben, wohin der Begriff der Utopie auch etymologisch verweist, in das Ideenreich eines Nirgendwo-Landes.

Die im weltgeschichtlichen Gang zwischen kommunistischem Manifest und Ende des Warschauer Pakts dominierende und politisch erfolg- und folgenreichste unter den Utopien hatte nie die Ganzheitlichkeit des Menschen im Blick, nie seine Selbstentfaltung als Ziel aller Bildung, hatte immer den Menschen auf Teilaspekte begrenzt. In ihren Prinzipien erklärten sie den Menschen zum Klassenvertreter, wählten eine zeitbegrenzte Figur aus der Geschichte, wählten den Arbeiter und Bauern in ihm und erklärten diesen Ausschnitts-Menschen zum ganzen Menschen. Homo oeconomicus ohne Überbau. Der immer ganzheitliche Mensch nicht als Seins-Gestalt in der Tragik seines Strebens nach Vollkommenheit, sondern als Endprodukt der Geschichte, genauer, der Gesellschaft und nach der Phase kommunistischer Sozialisierung ein Vollendeter seines Geschicks, als Angekommener auf der Zielgeraden zum irdischen Paradies.

Die Annäherung der politischen Glücksutopie zum Glücksversprechen aus religiöser Offenbarung ist nicht verwunderlich. Was die religiöse an Glücksversprechen auf Erden nicht leisten muss, da ihr Zielpunkt im Jenseits-Unendlichen liegt, konnte das sozialistische oder ähnlich utopistisch gedachte Diesseits nie erlangen. Es war immer nur Anschau-

ung, Perspektive, Anspruch, nie Fakt, weil die verkündete ideologisch konstruierte Wahrheit als stu-
fenweise je umzusetzendes, temporäres Stadium
sich hätte verifizieren müssen an der Wirklichkeit.
Gerechtfertigte Empörung über irdische Not und
Armut, über menschliches Leid und Elend und daran entzündetes politisches Erlösungsstreben mün-
dete in einem politisch-militärischen Konglomerat
von Intoleranz und pseudoreligiösen Dogmatismus,
in Arbeitsjoch, in Freudlosigkeit, in mausgrauer Ein-
heitskultur. Der Künstler, die unorthodoxe Jugend,
das Entgrenzende, alles, was immer auch das Ekstatische des Glücks einschließt, waren Antipoden eines konstruierten Ordnungssystems, rundum suspekt jeder sozialistischen Ideologie. In ihr gab es
keinen Konflikt an sich, außer mit dem politisch-ide-
ologischen Gegner.

In einem utopistischen System gibt es streng genommen auch keinen Konflikt im Gemeinschaftlichen, nicht einmal im Innern des Individuums. Der
innere Konflikt als Zerrissenheit zwischen schicksalhaften, unentrinnbaren Kräften und Mächten ist
gelöst im Aufgehen des Menschenbilds in sozialistischer Eindimensionalität als Vertreter einer Klasse
auf dem Weg in eine notwendig klassenlos-friedlich
gedachte Gesellschaft. Im Sozialismus gibt es keine
Tragik, wenn damit auch ein schuldloses Schuldig-
werden gemeint ist. Konflikt und Tragik wirken besonders im Einzelschicksal. Im Sozialismus war alles

Gesellschaft, nichts Individuum, nicht einmal Gemeinschaft, wenn nicht die häusliche Nische als solche herhalten musste. Anders als die transzendent religiöse Dimension, konnte die deszendent irdische oder gar utopistische Daseinssicht der Tragik, also auch Freud und Leid, Glück und Unglück, keine erhöhende, metaphysische Komponente abgewinnen. Leid, Armut, Not gilt immer als Zustand in der Forderung, überwunden zu werden, Glück über verstanden als zu erreichender Zustand in planerischer Weise.

Glück und Freiheit

Glück als Synthese positiv gerichteter Einzelgefühle steht in engster Verbindung mit dem, was als Reich persönlicher Freiheit gilt. Als anthropologische Konstante ist Glück ganz im inneren Reich der Freiheit angelegt, da und in Momenten also, wo weder Ängste noch Zwänge zur Wirkung gelangen. In Unterscheidung zu den Bedingungen der äußeren Freiheit, kann Glück sich denn auch im unfreiesten Momenten, im Verborgenen, in der Nische, im kleinsten Zeichen der Hoffnung ereignen. Die Briefe des evangelischen Theologen Friedrich Bonhoeffer aus schlimmster Haft sind nur ein Beispiel. Das Glück beweist sich als anthropologische Konstante allein auch darin, dass es seinen Durchbruch findet in aller Trostlosigkeit privat-familialer Schrecken und ebenso im Politischen inmitten der von Bedrohung und größter Pressionen. Glück schafft sich eine eigene geheime Welt.

Der Mensch kommt immer irgendwie und irgendwo zu seinem Glück, weil es Vergessen des Unglücks fördert, weil es sich auch auftut in Ritus und Weihung, weil selbst Gebetsglück sich einstellt in Katakomben, in stillen Zeichen unter Gleichgesinnten, im Erinnern poetischer Zeilen, in der Intensivierung der Gefühle des kleinen Glücks. Und so sind denn die Glücksmomente selbst auch im augenblicklichen Ausbruch aus der Unfreiheit erlebbar. Auf dieserart Freiheit aber ist Glück angewiesen. Das Phänomen Glück selbst ist nämlich angewiesen auf innere Freiheit des Fühlens als auch der Überzeugtheit von der Idee der unzerstörbaren Würde in einem selbst.

Das Glück selbst kann nicht gefesselt werden. Nicht einmal im Traum, wenn es auftritt als gefühlhafte Regung in irrealer Bildhaftigkeit. Ist Glück selbst nur traumverwandte Illusion, die durch Wachheit und Bewusstsein ihren Weg an die Oberfläche des Ichs findet. Jedenfalls ist es, was es ist: zutage tretendes Phänomen aus freiheitlich innerst-verschlossener Gestalt. Äußere Freiheit, zumal in der Dimension des Politischen, vergrößert und erweitert die Fundamente, die Bedingtheiten, die Räume für Entstehen von Glück. Politische Freiheit nämlich, verstanden nach den allgemeinen Menschenrechts-

Konventionen, reicht in die Kultur und mit ihr in die Kunst, in die Selbstentfaltung, in individuelle Selbstgestaltung, in Dialog und Multilog in Gemeinschaft und sodann in die Gesellschaft. Freiheit führt zu den Quellen des Glücks und öffnet die Türen, versperrt die Wege nicht zum Glück, endet nicht vor Tabu-Zonen, die in Anmaßung von autokratischer Macht errichtet werden. Wo sich die Tür zur Freiheit öffnet, politisch errichtete Mauern durchbricht, da finden die Menschen im Glückstaumel keinen anderen Ausdruck als im Ausruf „Wahnsinn", so geschehen, als sich anno 1989 die Berliner Mauer öffnete und einem Gefühlsstau Ausdruck gab.

So schränken werthaltige Rechte auch nicht Freiheit ein. Vielmehr besteht Anspruch auf Freiheit durch Rechte im menschenrechtlichen Sinne. Recht begrenzt aber auch falsch verstandene Freiheit zum Schutz des Mitmenschen. Recht ergänzt die Unvollkommenheit des Menschen in immer möglicher Versuchung oder Irrtümlichkeit, zum eigenen Vorteil andern anzutun, was man sich selbst nicht angetan haben will. Das Wesen der Freiheit ist ambivalent in dem Sinne, als es auch Freiheit zum glückszerstörend Bösen mit einschließt.

Von der Relativität des Glücks

Das Unfassbare am Glücksbegriff – unfassbar in des Wortes doppelter Bedeutung – ist seine Relativität grenzenloser Unterschiedlichkeit und die Tatsache, dass es als unfassliches Phänomen von aller Wissenschaft nicht im Konsens hat verortet werden können. Glück ist aber in die Mühlen der Objektivierung alles menschlichen Wesens, ist in die Fänge rationaler Instrumentalisierung geraten. Das Sich-Entziehen des Begriffs aus dem Reich des Begrifflichen vollzieht sich in zwei Richtungen. Es ist die Richtung des Individuellen, das so viel Glücksvorstellungen, -Zustände und -Beschaffenheiten hat, wie die Welt an menschlichen Individuen zählt. Es ist zum anderen die Richtung extern geschaffener Bedingtheiten. Unsere Briefkultur aus vor-vorelektronischen Zeiten gibt ein eindrückliches Beispiel dafür, wie ein eingehender Brief dem Empfangenden unendliches Glück bereiten konnte. In meist größeren Zeitabständen etwas aus Familien- oder Freundeskreis Neues zu erfahren, Authentisches, ein in sich abgeschlossen und bekundetes Geschehen, buchstäblich als Material auf Briefpapier in Händen halten – das war unsagbar, war ein glückhafter Ausflug zum Nächsten, war wie eine Reise in das, was als Ferne galt, war glückhaftes Wegtauchen und wohliges Sich-Verlieren im Lesen einiger von Freundeshand verfasster Zeilen. Und heute? Ein Blick auf Monitore von Gerätschaften, auf Reihen unzähliger elektronischer Briefe welcher Länge, Unabgeschlossenheit, Vorläufigkeit, flüchtiger Kürze oder gedehntester Länge auch immer. Wo bleibt der glückliche Moment? Mehr noch: Wo bleibt das glückauslösende Momentum?

Wie relativ Glück als Resultante äußerer Bedingtheiten ist, wird in den Koordinaten der Ökonomie konkret sichtbar wie kaum in anderen Zusammenhängen. Alleine schon die Gnadenlosigkeit im Auflösen glückhaftest empfundener Lebensorte ist so geläufig geworden, dass der Zusammenhang aus dem Blick gerät, dass pure Banalität finanzieller Verknappung dazu geführt hat, dass etwa seine originären Widmungsorte wie Kirchenbauten, neugotische bis bauhausliche Gebetsstätten der hohen Glückserfüllung im Zuge von Umwidmung zu Kaffeehäusern oder was immer und wohl eher der niedriger angesiedelten Glückserfüllung anheimfallen. Der Glücksucher Mensch ist ausgewandert von den Gotteshäusern in die Glücksräume fernöstlicher Entspannungspraktiken und in die Konsumtempel irdischer Güter, von den transzendenten Botschaften religiöser Glückseligkeit zu den multimedialen Messages irdischer Wellness-Verlockungen, ausgewandert auch in die wie Bann und Sog wirkenden elektronischen Portale, in das Faszinosum digital widergespiegelter Welten. Wie die Kunst, so scheint in den praktischen Voraussetzungen auch die so hoch angesiedelte Dimension des Glücks in keine andere als in die materialen, pekuniären Konditionen verstrickt. Da hilft ihr auch nicht der Anspruch, dem Vergänglichen eine wie immer geformte Gestalt auf Dauer zu geben.

Wo bleibt das Glück in der Überfülle, in der Übersättigung? Ein Blick sodann ins globale Netzwerk ins Überall und Nirgendwo, in digitale Speicher der Welt, zu Besuch bei Jedermann und Jederfrau, ein Zappen und Klicken von Land zu Land, Katastrophe zu Katastrophe, Elend zu Elend, Ereignis zu Ereignis, Fakt zu Fakt, Fake zu Fake, Hype zu Hype, Gefühl zu Gefühl. Eine Mixtur der Eindrücke, der Gefühle. Keine Millisekunde Zeit zur Bildung einer Synthese dessen, was Glück erst hervorbringt. Ein Overkill, ein Gewitter der Reize und Reaktionen. Ist Glück in der zivilisatorischen Lebenswelt nur Scheinglück und wie ein Wirtschaftsgut, das im Konsumenten die Stadien des Ersehnten, des Begehrten, des Entbehrten, des Gehabten, des Überdrüssigen bis zum Verschmähten und Lästigen durchläuft? Wird Glück materialisiert zu Glücks-Güter, die in ihrer technischen Hervorrufung so reproduzierbar in Qualität und Quantität wie die Wirtschaftsgüter selbst sind? Glück ist ohne Geschmackskriterium. Die Jugend, ursprünglich die Phase der Selbstfindung, des phantasievollen Reichtums im Innern, wird in die Welt medial-konsumistischer Muster der Erwachsenen gezogen bis in mediale Vorbilder von Spielfilm-Serien, wenn Jugendliche in ihren Beziehungsstilen die vorgespielten ehelichen Herz- und Schmerzprobleme von Erwachsenen zum jugendlichen Eigenverständnis werden lassen.

Ist Glück denn relativ funktional zum Träger und seiner mental-kognitiven Ausstattung? Deutlicher gesagt: Ist Glück in seiner qualitativen Höhe und Sophistikation abhängig von Bildungsstand, von sozialem Milieu? Stellt sich Glück rudimentärer, grob-gestrickter, rascher ein, hat im Vertreter der kultur- und bildungsferneren Massengesellschaft womöglich einen simpleren Bezug zu glückauslösenden Reizen in Plastik, in fetter Kost, in banaler Rede, in lauten Motoren, trivialem Herz und Schmerz, in süßem Kitsch und schreiender Geschmacklosigkeit, in den Glücksschreien bei Fernsehshows, in all der Abgegriffenheit, Trivialisierung und Banalisierung des Glücksbegriffs? Hier bietet ein Ausweg aus dem Zwiespalt der Weg, den uns die Wissenschaft gezeigt hat. Er verläuft entlang der Neutralität, der Wertfreiheit, der Wertungslosigkeit, dem Gleichberechtigten in Auswahl, Sichtung und Betrachtung der Dinge als Gegenstand wissenschaftlicher Erforschung, ob groß oder gering, ob hoch oder niedrig, ob schön oder hässlich, ob populär oder gehoben. Dem Glücksgefühl eines Menschen, welcher Ursächlichkeit es auch immer herrührt, ist keine soziale Kategorie eigen. Glück schöpft allein aus emotionaler Ressource, nicht aus solchen von Wissen, Kenntnis oder Bildung. Oben wurde gefragt, ob sich Glück um Sinn schere, vielleicht um Lebenssinn, in dessen Trägerschaft es allein als solches seine Werthöhe gewinnt. Die Beschaffenheit von Glück aber in rudimentärer, simpler, rascher Verwirklichung unterliegt keiner qualitativen Kategorie, es trägt nicht zur Klärung von Sachverhalten bei und entbehrt wohl auch jener regenerierenden Ordnungsfunktion für die Emotions- und Gedankenwelt, wie sie Schlaf und Traum zugeschrieben werden.

Unterliegt Glück etwa einer geographischen Relativierung? Sind Populationen eher als Völker im Glück zu nennen, wenn sie in geografischen Räumen sonnenbestrahlt, von wohliger Wärme umgeben sind, mit südlichen Früchten verwöhnt? Kommt es von ungefähr, wenn südliche Völker glücksintensiver leben im familialen Wohlgefühl, in sippenhafter Losgelöstheit vom nationalen Gemeinwohl, in Abwehr derer, die als Repräsentanten des Staatlichen ihren pekuniär-steuerlichen Anteil vom glückhaft Privaten einfordern wollen, im schönen Leben in den Tag, im temperamentvollen Ausleben des Augenblicks, in extrovertierter Lösung aus Spannung und Disharmonie? Es sind kaum hinterfragte Fragen in Zeiten auch gesamteuropäischer Selbstfindung und geforderter Vereinheitlichung in Euro-Räumen.

Derivate des Glücks

In die Relativität fällt auch die Glückserzeugung auf ein wie immer gewünschtes Optimum hin auf stimulativem Wege. Es sei von Quellen chemisch-synthetischer Erzeugung abgesehen, wie sie ihre Wirkungsmacht erzeugen sollten selbst in psychedelischen Literatenkreisen und huxleyscher schöner neuer Welt, erprobt als naturmystisch genannte, ekstatische Glückssteigerung. Interessant war daran die Parallelsetzung von Bewusstseinserweiterung mit Glücksintensivierung. Zustande kam aber allein gewissermaßen die Verunreinigung des Glücks, verstanden als positiv-konstruktive Synthese, im inneren Gefühlskosmos mit drogenhaft erreichtem Hype. Glück war dieserart nur Derivat auf glücksartig empfundenen und erlebten Abwegen in bewusstseins-erweiternde Räume.

So gehören wirklich nur zwei Kulturdrogen durchaus in die Nähe konsumistischer christlich-antikeuropäischer Glücksvermittler, wie es der germanisch-mönchische Gerstensaft mit Namen Bier und der antik-römische Rebensaft mit Namen Wein und seinen geistreichen Nebenerzeugnissen bis in unsere Tage ihre gesellschaftliche Akzeptanz gefunden haben. Jedermanns Beobachtung, vielleicht an sich selbst, erkennt die im geselligen Umfeld sich vollziehende glücklich scheinende Intensivierung, die in Fröhlichkeit, Heiterkeit, Lautheit, unvermittelte Hochstimmung ihren äußeren, vielleicht auch inneren Ausdruck findet. Es ist also die leichthin erreichte rauschhafte Seite des Glücks, gewissermaßen sein Derivat, nicht die tugendhaft erarbeitete Glückseligkeit. Immer wird es sein, dass eine von außen zugeführte Stimulanz das Kriterium der Sucht eines Immer-mehr zur Erreichung des erwünschten Glücksgrads erfüllt. Die Gesellschaft hat in medizinisch-zivilisatorischer Präzision die Regeln für die rauschhaft herbeigeführte Glückshaftigkeit gesetzt, darin nämlich, dass sie solcherart herbeigeführten Glückszustand nach der Regel legitimiert, wonach das Schadhafte sowohl für den individuell, unkontrolliert, doch irgendwie glückhaft Erfassten selbst als auch den mitbetroffenen Nächsten in zumutbaren Grenzen bleiben muss.

Glück uniform global

Wird das, was als Glück gilt, denn nicht immer identifizierbarer, erhält es nicht immer objektivierbarere und globalere Formate, festgemacht an Labels und Marken. Bereitet die bundesrepublikanische Überflussgesellschaft – auch im Sinne kostenfreier öffentlich angebotener Glücksteilnahme für *body, mind* and *soul*, für Augen und Ohren, im Überangebot der Fun-Kultur, in allen Medien und in Stadt und Land mit angesagter Event-Kultur – nicht auch eine Glücksproduktion auf Hochtouren, in Hochkonjunktur, in Überproduktion, einfach nur ein Überfluss-glück? Kann Glück dieser Gestalt auch herzlosen Wesens sein? Generieren doch gerade die Informa-tion transportierenden Medien als technische Neutra und als mobile Projektionsflächen eher nar-zisstische Selbstbespiegelung in bezugloser Losge-löstheit vom Nächsten, vom Gegenüber. Alles unter Kontrolle: Über Touch-Screen und Tastendruck, eine *remote control* über Personen und Vorgänge bis in die fernen Welten, wenn sie nach Belieben auf- und abgerufen werden können und sich in Emotionslosigkeit im ungeordnet rezeptiven Vor-gang vollzieht. Und wenn interaktive Netzwerke über Dialog und Multilog die zerebralen Funktionen wie heiß laufen lassen, dann ist nicht verwunder-lich, wenn Gefühlwerte im Chaos zwischen Neugier, Begehren, informationeller Sättigung oder Erschöp-fung der Sinne changieren. Doch ist der Mensch bei aller Neuigkeitssuche in den verführerischen Netz-werken auch als Rezipient offen oder insgeheim auf einer Art Glückssuche, wie sie von Psychologen in-zwischen auch unter das Phänomen des Suchtpo-tentials gestellt wird. So kann auch Glückssucht nicht ins Glück führen. Allein der Begriff der Sucht als geradezu einer toxisch wirkenden Überdosis des Glücks schließt davon aus.

Glück ist immer primäres Erleben, nicht *second life*, wie es einmal das primäre Leben einer ganzen *com-munity* der *Social media* zu verdrängen drohte.

Glück ist nie Surrogat oder Derivat. Ist der Mensch dennoch glücklicher geworden in technischer Extendiertheit, im technologischen Support seiner Funktionen? Es kann behauptet werden: Ja! Freilich nicht, weil Technik als solche glücklich macht, sondern weil besagterweise Technik in ihren technologischen Miniaturisierungen immer näher an des Menschen Physis rückt, sich ihm anschmiegt, geradezu Voraussetzungen erweitert, Glücksvorstellungen konkretisierend näher zu kommen, nahe und ferne Ziele an sich heranzurücken, sei es einen Konnex zu schaffen *in persona* über Wege der Event-Kultur, sei es im Konnex über elektronische Bild- und Sprachkanäle, sei es freilich auch durch unmittelbares Habhaftwerden begehrtester informationeller Inhalte auf Tastendruck. Immer galt, dass der Mensch nur einen kleinen Ausschnitt seiner Möglichkeiten leben kann, nur ein Minimum dessen erreichen und erfüllen kann, was seine physischen, mentalen und seelischen Kapazitäten erlauben. Die Technologie hat aber, bei aller Oberflächlichkeit rezeptiver Formen den Radius bis zum kommunikativen seelisch-physischen Overkill geweitet. Die Technik ist Plattform erweiterter wie immer gearteter uniform-globaler Varianten des Glücks geworden, hat ein gesteigertes Ich – wie immer das Werthafte darin enthalten ist – hervorgebracht.

Glück aus organischer Quelle

Der Mensch als organisches Wesen: In seiner organischen Natur kann er sich allein im organisch Wesensgleichen widerspiegeln, kann allein nur in der Differenziertheit seiner Natur ein Adäquat seiner Weisen des Respondierens, Reagierens und des gesamten kommunikativen Vollzugs zum Mitmenschen finden. Hier schwant aber auch die vermutende Unterstellung, ob Glück nicht eher dem autistischen Vorgang gleicht, wo doch kaum Außensicht, wo im Augenblick des Glückszustands kein Hereinlassen des Anderen in die eigene Glückswelt geschieht, wo Glück meist ganz im Stillen intravertiert, ohne mimische Zeichen nach außen einzig den Innenraum erfüllt. Und selbst im glückserfüllt Lauten und Lärmenden, nur bei Gestimmtheit im Andern findet vielleicht ein direktes Partizipieren im Glücksempfinden wie eine synaptische Übertragung von Nervenreizen statt.

Dies wird auch die Wurzel des Empathie-Vermögens eines Menschen sein. In dieser Weise ist Empathie kein Selbst- und Eigenwert, der den Menschen unter anderen Werten auszeichnet. Der Mensch bleibt sich selbst der Nächste. Aber allein im Erkennen des gleich geschaffenen Gegenübers findet er Selbstbestätigung, können alle Nuancen in ihm mit einem Gegenüber korrespondieren, alle Eigenschaften an ihm selbst vom Gegenüber erfasst und bestätigt werden – ob liebend oder nicht liebend, achtend oder nicht achtend. Empathie bildet sich in einer Kette frühest organisch sich ereignender Momente des Empfindens, zunächst allein in selbsterhaltender Bestätigung und Stärkung, um sodann auf nächster Stufe im zunehmenden, auch geistigen Erkennen des Du, im gleichgeschaffenen Mitmenschen seine empathische Verbindung zu erweitern. Ist es vielleicht weniger die Sehnsucht nach dem anderen, als vielmehr das Suchen und glückselige Finden seiner selbst im Anderen? Denn das Spiegeln seines Ichs im eigenen Bild wäre das Narzisstische und immer glücklos einsam wie der Monomane in seinem Selbstgespräch. Dimension von Glück wie Unglück ist nie größer als in der Dimension menschlicher Beziehungen. Deshalb ist der Begriff der Liebe wie kein anderer so nahe an dem des Glücks. Aber auch der Begriff des Hasses ist wie wenige nahe an dem des Glückszerstörenden, des Unglücks. Daher sind auch die begleitenden Einzelgefühle – wenn sie positiv gerichtet sind als Freude, Entzücken, Zuneigung und was immer, wenn sie negativ gerichtet sind, als Enttäuschung, Zorn, Verachtung, Abscheu und jenem Hass unter vielen anderen Einzelgefühlen – nie stärker als im Geschehen unter und zwischen den Menschen.

Deshalb ist eines Kindes frühe Erfahrung von ungestörter Zuwendung zum einzig Haltgebenden seitens nächster Bezugspersonen, wie es menschlich organisch von Anbeginn des Kindeslebens erspürt wird, so stärkend. Deshalb ist aber auch Abwendung von ihm so folgenschwer, wird es doch als ein Getrenntwerden von seinen organischen Bezugsquellen empfunden. Es will und benötigt als soziologisch bezeichnetes Mängelwesen, als das der Mensch sein Leben beginnt, Erwiderung auf seine Äußerungen des Wohl- oder Unwohlseins, braucht Ergänzung dessen, was es nicht an sich zum Befriedigen seiner Bedürfnisse vermag zu ergänzen. Ein Empfinden zwischen Ahnung und Gewissheit wird bleiben und sich durch das ganze Menschenleben hindurchziehen, dass es bestimmt ist von Abhängigkeit des einen vom anderen Menschen, dass der Mensch wie zu Kinderzeiten, wenn der Kreis sich im Alter schließt, wieder ein Mängelwesen wird im Angewiesensein auf den andern.

Empathie ist da eher ein Begriff für den, der seiner selbst bewussten Persönlichkeit die Tugenden verinnerlicht hat und zu leben weiß. Empathie entwickelt sich, wenn der Mensch in der Lage ist, zu erkennen, zumindest aber zu empfinden, dass die aus ursprünglicher, geradezu organischer Abhängigkeit vom Mitmenschlichen in irgendeiner Form in sozialer Gemeinschaft nicht aufgehört hat, seine Bedeutung zu behalten. Empathie ist im reifenden Verhältnis zum Nächsten auch indirekte Folge der Erkenntnis des Menschen, in Gemeinschaft und Gesellschaft angewiesen zu sein auf den anderen, irgendwie zu spüren, dass Empathie als Verbindungsmodus in die Generationenfolge hineinwirkt. Empathie ist somit auch vorbedingende Konstituente des Glücks und unlösbarer Teil der Natur des Menschen. Auch der Einsiedler hat schließlich Empathie, diese aber in seinen Bezugsgrößen dimensioniert auf die eine oder andere Einzelquelle, sei sie die göttliche, sei sie die Natur selbst.

Glück als dramatisches Element

Die Literatur lebt vom Schildern des Empathischen oder seiner Zerstörung, des Glücks oder des Unglücks. Sie ist ein Tummelplatz, sie ist die unendliche Saga im Bann von Glück wie Unglück. Die Erzählwerke besonders führen ihre Emanationen über verschlungene Wege, über Hürden, Zweifel, Kämpfe, Scheitern, über niedrigste und höchste Motive, Edelmut und Schurkentum, über Wege banaler Alltäglichkeit und glanzvoller Kulisse, über Wegführungen zwischen Niederlagen und Siegen. Die Erzählwerke führen alle Linien letztlich asymptotisch auf einen auf Lebensglück zulaufenden Sehnsuchtspunkt hin, wie er letztendlich in der unter dem guten Stern des Glücks stehenden Icherfüllung gesucht wird. Und das Finden auf dem Weg der Suche scheint den Literaten in Welten der Phantasie, im Fiktionalen besser zu gelingen als im Drama der realen Welt. Doch immer wieder schlägt das Reale das Erfundene, wenn es heißt, dass in keinem Roman das Aberwitzige realen Geschehens hätte ersonnen werden können, oder ein Geschehen einem Betroffenen wie im Film vorgekommen sei.

So verbirgt sich auch hinter allem Darstellenden des Unglücks eine Vorstellung des Glücks. Unglück wäre nicht der Rede, nicht des Wortes, nicht des Bildes wert, stände nicht über allem Gestalten auch der Schmerz der Abwesenheit von Glück und des immer danach strebenden Menschen. Die Romantiker milderten das Schmerzhafte auf ihrer Suche nach der blauen Blume, versinnbildlichten Glück in den Phänomenen einer beseelten Natur als Vermittlerin zwischen Mensch und Gott, als Schilderer des Vergangenen bis in historisch-mittelalterliche Verklärung, als sie ihm selbst in Ruinen, in Silhouetten eingestürzter Burgmauern, in ritterlich-märchenhafter Idealgestalt den pittoresken Symbolgehalt des märchenhaft Reinen verliehen. Im romantischen Allempfinden einer alle Künste zusammen führenden Synästhesie findet sich gar größte Nähe zum Wesen des Glücks, gesehen als die Synthese positiv gerichteter Einzelgefühle. Selbst das Religiös-katholisch-Kirchliche dient den Romantikern vornehmlich der Erhebung und werthaften Erhöhung des Sinnlichen. Die Kongruenz, das Synästhetische der Sinne: In der Romantik in all ihrer Subjektivität und Individualität hat das Glücksmotiv eine besonders reine Ausgestaltung erfahren. Das Dämonische, das Unheimli-

che, die Nachtseite des Lebens, das Mystisch-Rät-
selhafte, das Doppelgängerische, das Irrationale,
das bedrohlich Technoide einer anbrechenden Zeit
der Industrialisierung: Gerade dieses dialektisch
Zwiegesichtige hat der Romantik die Imaginations-
kraft für das auch immer gefährdete Wesen des
Glückshaften verliehen.

Noch war dies alles der Romantik eher Geheimnis
als Bedrohung. Die Weltgeschichte zeigt sich uns
schließlich als universal Ganzheitliches, als betrach-
tende, erlebnisvolle Weltwanderung, als Weltge-
dicht, als Weltsaga, als Weltepos, als Weltmärchen
mit gutem Ende. Geschichte muss nicht nur Tragödie sein, nicht nur verzweifeltes Ringen und Handeln, nicht allein Tod und Unglück als böses Ende.
So kann ja auch, wie es uns auch jene Romantik gelehrt hat, das Trickhafte sein, sich beim Suchen und
Finden des Glücks, ins Reich schwelgerischer Phantasie zu begeben, Erfüllung zu finden im Verlassen
der Erdenschwere und des immer auch unglück-
bringenden Materiell-Körperlichen. Im Eintauchen
in das Geistige, in tagträumerische Reiche, lässt sich
auch jener Lust hingeben, die das Sehnsuchtsvolle
und nicht gesättigt Erreichte bietet, sich im Unendlichen verlieren, wo kein Abschiedsschmerz droht,
lässt sich das Synästhetische des Paradiesischen gestalten, aus dem nicht vertrieben werden kann, weil
dort kein Sterben und Tod ist. Selbst jener Hegel ist
Gefangener solcher, eben auch romantischer Vor-

stellungswelt geworden, als er einen Staat erdachte als absolut gewordenen Geist, als er Geschichte mit einem Strom des Lebens verglich, in dem das Individuum eintaucht, als er die Idee vom absoluten Geist selbst als Medium glückhafter Vollendung menschlicher Gesellschaft sah, als wechselfreie Idee, die dem wechselhaft Individuellen übergeordnet ist, als geistiges Produkt, das den organischen Korpus prägt, als er den Staat als Ideen-Ort sah, wo Diesseits und Jenseits zusammenkommen. In Hegels Welt hat sich das Utopische wohlgefühlt. Das Glück aber wurde zerrissen im Dialektischen, in der Umsetzung der Idee in die Theorie, von der Theorie in die Praxis. Die Epigonen Hegels haben in praktischer Umsetzung dafür gesorgt, dass das Glück im besagten Nirgendwo-Land der Utopie zum instrumentellen Konstrukt verkam.

Wenn auch die Dichter letztlich den Spuren wissenschaftlicher Erkenntnis folgen und unweigerlich aus diesem atmosphärisch erspürten oder aus konkreter Erkenntnis gewonnenem Bewusstsein ihre Werke formen, so ereignet sich doch die Dramatik ihrer Figuren über unterschiedliche Epochen hin gesehen aus dem Umstand, dass der Mensch existenz-getrieben ist, dass er im Gefängnis des Lebens, im Drang der Selbstverwirklichung, im Ringen mit der Natur, mit Gott, mit dem Schicksal, mit der Gesellschaft steht, sich gegen das Unrecht, gegen das Absurde, gegen ein anderes Ich in sich selbst wendet und dabei von Beginn an auf der Spur des Endes, des Todes wandelt. Literatur gewänne nicht den Reiz, wenn sie uns nicht vor Augen führte, dass der Mensch gegen alle Widerstände sein Lebensglück zu erkämpfen sucht und dies im Kampf zwischen Selbst- und Fremdbestimmtheit, Wehr und Gegenwehr, zwischen Unwägbarkeiten, Zufall und Bestimmtheit. Und so hat gerade auch eine jede Transzendenz leugnende Literatur den irdischen Schauplatz der Glückssuche der Absurdität ausgesetzt. Schließlich ist Leiden ohne Erlösungs- und Jenseitsbezug immer absurd, drängt geradezu hin zur Gattung der Literatur des Absurden. Literarische Umsetzung der Wirklichkeit, Fiktionalisierung des Lebens in Wort und Schrift, in Bildern und Gleichnissen rechtfertigt sich immerzu darin, dass sie befreiend wirkt aus Konventionen, aus bedrückenden Perspektiven eigener Weltsicht, entlarvend in Zuständen der Verfangenheit, dass Literatur als Poesie, als Prosa und Drama zu Orten und Fluchtpunkten führt, wo Licht in vielleicht glücklose Lebenslagen dringt, wahrliche Perspektivenwechsel von der dunklen zur hellen Welt offenbart. Es kann auch eine die Diesseitigkeit nicht verlassende, nicht übersteigende Literatur sein, die trostlos scheinende Selbstsicht umwertet zur hoffnungsvollen. So wird aus Literatur für viele Leser auch Trostliteratur, weil all die erfundenen Wahrheiten, so der Titel einer Erzählsammlung deutscher Nachkriegsliteratur, wie wärmende Strahlen in die Kälte der Welt glückhaft hineinscheinen.

Das Unglück selbst aber tritt nirgendwo in reinerer Gestalt auf als in der Tragödie, der griechischen zumal und zuerst. Wer das Glück archetypisch rein sucht, der wird bei den alten unsterblichen Tragödiendichtern fündig. Da ist alles mythisch, da spielen unglücksbringende, durchaus identifizierbare Mächte von den Göttern bis zu den Erinnyen und der Nemesis ihre Rolle, da finden wir den Ort reinsten Unglücks im Hades. Die Tragödien sind so dicht voll Unglück, dass kein Raum für das Glück und dessen Schilderung entstehen kann. Aber genau aus dieser Abwesenheit des Glücks, aus diesem pausenlosen Ringen mit dem Unglück erklärt sich das Tragische. Gemeinsam nämlich mit den sprichwörtlich alten Sagen und Epen und anders als die Großzahl je nachfolgender Literatur leistet die antike Tragödie Verzicht auf Schilderung des Glücks zur Verlebendigung des Unglücks, das einfach da ist. Unglück ist da, weil es nur götterabhängiges Schicksal und nur Tragik gibt als schuldlos schuldiges Verstrickt-Sein mit dem Unglücksspruch schlechthin bei Sophokles, das es besser sei, ungeboren zu sein. Doch in den Tragödien des Sophokles ist auch zu erfahren, dass allein Handeln aus der Schuld befreien, zumindest doch die Schuld als grundsätzlich glückloser Zustand mindern kann, weil denn auch erst im Handeln und in der Entscheidung der Mensch zur sich phasenweise befreienden Person wird, ergänzen wir: zum Macher wird und nicht Getriebener bleibt.

Glück als Gegenstand der Lehre?

Es ist verführerisch, aus dem seit griechisch-christlichen Weisheitslehren eines Sinn und Ziel des Menschen erklärten Glücks auf einmal einen lehr- und lernbaren Gegenstand zu formen. Ist Glück lehrbar, planbar, gar erzwingbar, kann es nach Regeln, nach Ratgebern, nach Formeln, nach Rezepten, nach Übungen erreichbar, trainierbar sein? Das Glück selbst doch sicher nicht, wenn wir den Glücksbegriff genau nehmen. Erinnern wir uns des Definitorischen als Möglichkeit des Herangehens an einen Begriff, so setzt sich Glück nicht einmal aus separaten Komponenten zusammen, es ist vielmehr die ganzheitliche, geradezu monadisch-gestalthafte Synthese positiv gerichteter Einzelgefühle unabhängig von Zeit und Ort. So ist Glück ein Modus, ist die Auflösung unterschiedlichster Gefühlsmomente in eine neue Qualität, ist eine Dimension, die an nichts mehr gebunden ist. Auch nicht an religiöse Bindung, nicht an philosophische oder weltanschauliche. Glück ist losgelöst von allem, es ist absolut. Glück als Modus ist anthropologisch in Reichweiten des Optimums zwischen Realem und Transzendentem.

All dies hindert nicht eine buchstäblich nach den Sternen greifende, die letzten Geheimnisse des Lebens enthüllende Zeit, auch des Glückes habhaft zu werden. Das Glück als Gesamtphänomen, als gesuchteste Erfüllung des Lebens in antik-christlicher Sicht kursiert bis heute als einer der am häufigsten beschworenen Megabegriffe. In den Menschen jedenfalls steht bis heute der Glückbegriff auch in geringfügigsten Zusammenhängen damit nie ganz außerhalb assoziativer Nähe von Erhöhung, Heil und Segnung oder jenem Triumvirat von Würde, Freiheit und Gerechtigkeit. Aber wie der Mensch auch emotionale Befindlichkeiten bis in ihre genetischen Strukturen erforscht und zu beeinflussen gelernt hat, so findet er auch den Zugang zur Meta-Ebene des Glücks. Der Erfahrungsschatz, der Kenntnisstand der Menschheit lassen Idee und Wirklichkeit, Theorie und Praxis immer näher aneinanderrücken, schmerzliche Irrwege immer kürzer werden. Erfahrungswissen ermöglicht, dass Ursache und Wirkung immer rascher aufeinander beziehbar sind, ermöglicht in elektronisch-planerischer Feinstabstimmung gar Strategien der Antizipation und, so sie die Bezirke des ganz Persönlichen betreffen, also auch Strategien der Abwehr von Unglück.

Nicht die ewig geltende Vernunft hat gesiegt, sondern der von ihr geleitete Verstand und einer mit ihm erreichten Erkenntnis, dass nicht Maximierung, sondern Optimierung dem Glück näher zu kommen

vermag. Todesraten, Verletzungsquoten, sprichwörtlich die gern fälschlich als tragisch benannten
Unglücke, weil Leid und großes Weh damit einher-
gehen, sind rückläufig besonders im Zuge technischer Erfahrungswerte und sachbezogener Anwen-
dungsformen – ob im Terrain alltäglich-privater
oder beruflicher Arbeitsvorgänge, ob in Bereichen
schwindelerregender Verkehrs- und Transportob-
jekte oder architektonisch-stabiler Baulichkeiten.
Und selbst in militärischen Aktionen bewirken prä-
zisions-technologische Objektivationen der Zerstörung für feindlich gehaltene Ziele eine zumindest
quantitativ erreichte Schonung ziviler Glücksräume,
wenn verkündet wird, dass etwa kollaterale Schä-
den auf ein Minimum beschränkt werden konnten.
Das Prinzip des verfassungsgemäßen *Persuit of happiness* soll also nicht nur die unter eigener Flagge
stehenden Bürger erreichen, sondern auch im Fein-
desland seine Wirkung entfalten.

Ist die Glücksmaschinerie der beschriebenen Art
auch Ausdruck zivilisatorischer Dynamik, so ist es
auch die Unglücksmaschinerie als ein sich aufbau-
endes Zerstörungspotential privaten Glücks und
verlaufend an ganz anderer Front. Mit der Technik
nämlich verschafft sich die Zivilisation den Einbruch
in die Kultur als dem eigentlichen Raum des Glücks.
Dem Autor war es bereits an anderer Stelle der globalisierte Mensch zwischen Kultur und Zivilisation
ein Thema. Was im privaten Glück über technolo-

gisch supportierte Lebensformen bis zu glücksfördernden mobilen Gerätschaften der Kommunikation und glücksstimulierenden Ferienfreuden an exotisch präparierten Fernzielen oder bis in jubelnde Happy-Shows an den Bildschirmen sich zunehmend quantitativ vermehrt, das wird an der Front des zum Weltthema gewordenen Umweltszenarios wieder zerstört. Es war Trug, den Menschen in zunehmender Unabhängigkeit von der Natur zu wähnen. Die Zahl der in Trauer und Elend gestürzten Menschen nimmt zu, die auf besagter Flucht vor Fluten und Flammen Haus und Hof verlieren, denen trautes Heim zerstört, familiales Glück zerrissen, Hab und Gut genommen wird und die wie nach Kriegen wieder ihr privates und berufliches Glück suchen und finden müssen.

Traurigkeit und Melancholie legen sich über eine ganze Region, wenn nicht ein ganzes Land, das in den Griff einer unsichtbar zerstörenden – der nuklearen – Macht geraten ist, legen sich über ein ganzes Volk, dem der aufgehenden Sonne, dessen Vertrauen in eine scheinbar leichthin für die Gesellschaft zu nutzende nuklear angetriebene hoch-zivilisatorische Lebenswelt wie nicht mehr seit Hiroshima und Nagasaki, nun auch seit Fukushima, in tiefstes Bedrohungsempfinden umgeschlagen ist. Auch wenn die Verdrängung obsiegt und die Kraft zur technologischen Wende und Konversion profitär erstickt wird, in eine kulturhistorisch als Harmonie gestaltete Glücks-Kultur ist der Stachel des Zweifels gestoßen.

Im Bild vom Glück als Idealzustand erklärt sich also auch das Glück im Griff seiner sachlichen Objektivierung. Stets wird in dieser Sicht der Gedanke zugrunde liegen, dass alles Staatlich-Politische seinen Sinn entbehrt, wenn nicht in erzieherisch-pädagogischer Hinführung dem Individuum Chancen eröffnet werden zur Entfaltung seiner Möglichkeiten und zu einem seiner Ganzheitlichkeit entsprechenden glücklich gelungenen Leben. Davon geht nicht zuletzt der über lokale und schulische Grenzen hinaus befragte Glücksexperte Ernst Fritz-Schubert aus (fritz-schubert-institut.de), wenn er die Konsequenz daraus zieht und Glück zum Schulfach instrumentalisiert. Genau besehen wird Glück zum Ziel erklärt und die hinführenden Techniken als Instrumente eingesetzt, die dem Glücksziel näher bringen. Fritz-Schubert belegt sie mit Begriffen wie lern-, trainierbarer und ich-stärkender Einübung von Selbstbeherrschung, Selbstsicherheit, Leistungsbereitschaft, Selbstbewusstsein, Achtsamkeit oder Übernahme sozialer Verantwortung. Die Pragmatik steht im Vordergrund des Konzepts unter Zielen wie Erfolgserlebnis, Überwindung von Schüchternheit, Einklang finden mit sich und der Gemeinschaft, Entspannung und seelisches Wohlbefinden erreichen, aus all dem *in summa*: Lebensfreude gewinnen. Als Ergebnis wird es sicher auch dem Erwachsenenleben zugutekommen und vom Vorteil profitieren, zu Jugendzeiten bereits auf eine Art erlernter Tugend im Sinne einer Technik der Balancefindung zurückgreifen zu können.

Die Erkenntnisse aus der Wissenschaft haben auch hier die Wege freigeschlagen. Ganzheitlichkeit im ganz anderen Sinne, nämlich eines Operationalisierens persönlicher Befähigungen, steht im Vordergrund. Was als Prinzip in der einen Disziplin gilt, das gilt auch in der anderen. Wenn etwa Mentaltraining für sportliche Leistungen förderlich ist, ist es auch förderlich in beruflichen, schulischen, persönlichkeitsbestimmten Bereichen. Für den Pädagogen Fritz-Schubert als ehemaliger Schulrektor der Heidelberger Willy-Hellpach-Schule ist Glück eine pädagogische Aufgabe. Als institutioneller Pädagogikexperte hatte er denn auch Baden-Württembergs Kulturministerium vom Glücksunterricht in einem Wirtschaftsgymnasium als Lehr-Wahlfach unter dem werbenden Begriff der Lebenskompetenz überzeugt. Schuberts auslösendes Motiv? Er wollte seine Schüler nicht „mit hängenden Schultern", sondern schlussfolgernd gesagt in einem mehr oder minder glücklichen Erscheinungsbild über die Flure laufen sehen. Sein Motto? Stärkung der Persönlichkeit und Lebenskompetenz. Sein Credo? Glück lässt sich steuern mit Blick auf Sokrates und seine Devise: Zum Glück hinführende Tugenden sind lehrbar.

Lässt sich Glück steuern? Wir gingen so selbstverständlich davon aus, dass es eine eigenständige, über alle Einzelgefühle erhobene Größe sei. Dass es nahe bei Begriffen wie Heil oder Liebe im Moment des Wirkens jeder Kontrolle entzogen sei, dass es eine eigenständige, transzendierende Macht sei, eine Himmelsmacht, wie alte religiöse Verse ja auch die Liebe nennen. Und nun lesen wir auch im Durchsehen von Seminarangeboten etwa davon, dass Glücklichsein im Kopf entstehe, dass es wie ein Einzelgefühl entstehe unter willentlichen Bedingungen, unabhängig von Reife und Tugend im menschlich bewertenden Abwägen, und dass es ein kollektives, geradezu volkssportliches, nicht ein individuelles, im intimen Innenraum des Menschen entstehendes Phänomen sei. Vielmehr sei es ein Bedürfnis wie eines nach Nahrung, Fitness oder nach welcher Art Gefühl auch immer.

Ein Heidelberger Symposium unter dem Titel „Glück für Alle" (Mai 2009 vom Club für Wirtschaft und Kultur) verlautbarte, dass die Deutschen unglücklicher würden, wie es Studien gemessen hätten. Lässt sich Glück messen, in Grade einteilen? Können wir empirisch seines Wesens habhaft werden, führt sozialpsychologisches empirisches Messen näher an das Glücksphänomen? Bei aller Bedeutung einer begrifflichen Klärung dessen, wie Glück definitorisch zu fassen ist, stärkt den Begriff allein schon die Tatsache, dass auch ergebnisorientierte therapeutische Beratung nichts anderes zum finalen Ziel hat als das Wiederfinden des Glücks und das Herausführen aus dem Zustand des Unglücklichseins. Im praktischen Gebrauch muss Glück herhalten als Allerweltsbegriff, als Metabegriff für ein Maximum positiver Gefühlslage, wofür kein anderer Begriff zur Hand ist.

Dem Glück muss auch Bodenhaftigkeit zugesprochen werden in dem Sinne, als es sich nach Wahrscheinlichkeit, zumindest in seinen Vorstufen, eher als etwa Wohlbefinden in real-situativen Momenten einstellt. Das Vertrautheitsmoment mit beruflicher Materie, unangefochtenes Expertentum, administratives, technisches Knowhow, Anerkennung und Wertschätzung im kollegialen, fachlichen Umfeld, all diese biographisch festigenden Selbstvergewisserungen tun ihre Wirkung als Stabilisatoren, die im Gefühlshaften ihre Emanationen finden. Der Versuch eines Unternehmens, einen geselligen Anlass zum Versuchsfeld zu gestalten und die Mitarbeiter unterschiedlicher Abteilungen und Arbeitsbereiche per Namenszuordnungen zu mischen, schlug fehl. Alle Mitarbeiter gruppierten sich in das ihnen vertraute Milieu ihres aus täglicher Zusammenarbeit vertrauten Kollegenkreises, mieden die Anstrengung, sich unvertrautem Gegenüber darstellen zu müssen, ist doch das Begegnungshafte im umweg- und anstrengungslosen menschlich Vertrauten dem Glücksempfinden näher. Es ist wie im familiären Du-Sein. Die Fachleute unter sich, das Fachsimpeln, die glückselige Gemeinsamkeit, das gegenseitige Verständnis aus eigener privater wie beruflicher Sozialisiertheit heraus und aus Erfahrung, Erleben und Wissen, wie Briefmarkensammler sich selbstvergessend versenken, vertiefen zu können, sich in einer trauten und vertrauten Welt auszutauschen. Es steht in der Nähe dessen, was frühe Freundschaften, vielleicht schon aus Kinderzeiten auszeichnen, die selbst nach Jahren der Unterbrechung nichts von ihrem glücksempfindenden Wesen verloren haben, da dialogisch an dem Punkt angeschlossen werden kann, wo Zeiten zuvor abgebrochen wurde. Die Brücken des Gefühls verbinden anstrengungslos auch fernste Punkte in Raum und Zeit.

Das Neuentdecken als Glücksmoment braucht seine eigenen Bedingtheiten, darf nicht im Umfeld gewünschter Konventionen stattfinden. Hoch- und Glücksgefühle auf Reisen entstehen nicht unter Konventionsdruck oder gar sozialer Kontrolle. Unternehmenskonzepte, die darauf zielen, ihren Mitarbeitern Effizienzsteigerung in gemeinsamen, hierarchiefrei zusammengesetzten Seminaren zu verordnen, berühren immer die Schamgrenzen der Teilnehmer. Wenn gar Abenteuer-Seminare, Geschicklichkeitsspiele, Selbstdarstellungen zur Programmatik gehören, dann entsteht leicht auch das ungute, höchst glücksmindernde Unwohlgefühl von

Entblößung, Bruch von Konvention, von lauernder Gefahr für eigenes Selbstwertgefühl. Der Vorgesetzte wird sein Gedächtnis allzu extravertierter Momente eines in seiner Abteilung hierarchisch Nachrangigen nicht löschen.

Enden alle Menschen, unabhängig von Rang, Ethnie und Kultur, im gleichen Zustand, wenn sie das Ultimative des Glücks erleben? Sind die Wege dahin in all den Formen von Selbstverwirklichung, Zufriedenheit, *vita activa* als eher westlich geprägtes Leistungs-Prinzip, *vita contemplativa* als eher meditativ östlich geprägtes Harmonieprinzip nur steuernde, begehrende Vorphasen lediglich unterschiedlicher Ausgestaltung, bis sodann ein jeder in eine höchst ähnlich ausgeglichene Balance gerät? Kann innere Balance überhaupt erreicht werden? Ist sie nicht wie osmotisches Gleichgewicht in chemischen Prozessen ein besagtes permanentes Hin und Her seelischer Molekülgruppen, die nie oder nur sekundenhaft den absoluten Zustand des Gleichgewichts erreichen? Es ist doch wie der nur momentane Zustand eines *à jour*-Seins, ein Sagen „So, nun ist alles erledigt", frei von Pressionen, mit Erleichterung darüber, im Augenblick zu sein, alle Pflichten erfüllt zu sehen, alle Vorhaben erledigt, alle Unannehmlichkeiten aus der Welt geräumt zu haben. Im Arbeitsleben soll die zum gängigen Begriff gewordene *Work-life-balance* erreicht werden zur Abwendung eines, ebenfalls zum gängigen Begriff gewordenen *Burn-out*.

In ganz eigener Relativität zum Glücksbegriff steht freilich der schlechthin Unglückliche, einem der aus medizinisch-definierter Sicht einer psycho-physischen, wenn nicht gar drogenstimuliert hervorgerufenen oder ausgelösten Depression anheimgefallen ist. Da hilft keine Glücks-, Seminar- oder Tugendlehre mehr, da steht Unglück abgespalten von der Lebenswelt pur im Raum, da hat sich die Dimension von Glück und Unglück losgelöst von all seinen Konstituenten und selbstbestimmten Wegen, ist nicht mehr vereinbar mit Vorgang von Streben und Ziel dem Glück entgegen oder aus dem Unglück heraus. Es ist deshalb nur folgerichtig, wenn Depression als Phänomen des Pathologischen nicht einen Teil der Glücks- wie Unglücksbetrachtung darstellt.

Meister des Glücks

Meister des Glücks: als Altmeister der Antike bestätigen sie, dass der Mensch der geblieben ist, der er immer war. Sie zeigen die Wege des Lebens, die von den immer gleichen Grundbedingtheiten flankiert sind, sie fassen in Sentenzen, wie das eigene Wandeln auf den Glücksbahnen nach immer gleichen organisch wie geistig begründeten Mustern verläuft. Sie beweisen uns, dass alle glücksbelehrende Differenzierungen in je zeitlicher Aktualität, für den je zeitverhafteten Menschen nur die neuen Kleider für alte Weisheiten sind. Die Altmeister sind es, die den Glückslehrern von heute die Hand reichen in all der Ausgestaltung der Lehren, der Ermahnungen, der Regeln, der Muster und Modelle, wenn nicht der Formeln, mit denen dem Menschen bis heute der Weg ins Glück gewiesen, erleichtert, gedeutet werden soll. Die alten Glückslehrer unterschieden nicht zwischen privatem und beruflichem Leben. Moderne Erkenntnisse bestätigen gar, dass dem Glück zuträgliche Einzelgefühle den ganzen Tag über erfassen müssen oder dass Zufriedenheit, Wohlbefinden, Zuversicht den ganzen Menschen erfüllen müssen, um münden zu können in ein Gesamtempfinden des Glücklichseins.

Wie schlicht sich die Glücks-Betrachtungen eines *Marc Aurel* (121-180 n.Chr.) auch ausnehmen, sie ähneln den Weisheiten von Großeltern, die die Enkel noch erinnern und zitierend als hilfreich-gute Sprüche in ihre eigene Erfahrungswelt aufnehmen. Es sind die Kalendersprüche an der Wand, die auf Postkarten verschickten Weisheiten, Maximen, Lebensregeln, wie sie sich in aller Schlichtheit lesen als Glückslehren seit antiken Zeiten. Die das Glücksphänomen als Metabegriff in den Mittelpunkt gestellt, sie sind auch die philosophisch-religiösen Quellen aus Griechen-Römer- und Kirchenväterzeiten und freilich kluge Literaten bis in die Heutzeit. Der Weg ist nicht weit zu den Weisheiten aus Fernost. Wie im Kreis schließen sich die Lehren zusammen, berühren sich die Lehrmeister von Aristoteles bis zu denen des Zen, von Seneca bis Schiller, von Gautama bis Goethe. Bar aller psychologischen Raffinesse, aller manipulativen Hinterhältigkeit, persuasiver Zielrichtungen, überzeugen die Sprüche als Weisheiten aus Erfahrung und Empathie für einen immer kämpfenden Menschen auf verschlungenen Wegen, auf dunklen Pfaden, auf Suche nach Licht und Klarheit, gegen Widerstände, von Etappe zu Etappe, um zu erfahren, dass sein Tun und Lassen gesegnet werde in Augenblicken des Glücks.

So wählen wir in *Marc Aurel* einen Zeitlosen, wie es die Klassiker sind, die keiner Fußnoten bedürfen, die nicht aus der Perspektive einer Ideologie, einer Utopie her die Menschennatur betrachten, die nicht der Analyse bedürfen, die nichts als die Ganzheitlichkeit wahrnehmen, die allein aus der Außensicht der Natur deren Wirken erkennen und einer Grundeinsicht folgen: dem der Endlichkeit des Menschen. Aus der Sicht der Dinge von der Endlichkeit her, von der zeitlichen Begrenztheit her – es sei so gesagt – entstanden die Glückslehren. Sie sind Weisheitslehren und *vice versa*. Aus der Sicht der Endlichkeit entsteht Lebensklugheit, entsteht Gelassenheit. Nun aber muss bedacht werden, ob denn auch Glück daraus entsteht.

Die Sicht der Endlichkeit nämlich nimmt den Platz von Mitte und Maß ein. Die aus dem Endlichkeitsbewusstsein entstehende Gelassenheit kennt keine Extreme. Alle gesammelte Kalenderweisheit will uns dies lehren. Wir berühren die Unauslotbarkeit dessen, was wir als Glück fassen wollen, wenn wir es dennoch definitorisch eingrenzen als die Synthese gleichgerichteter positiver Gefühle. Der Adressat, an den alle Glückslehren bis heute gerichtet werden, sind wir als Glückssuchende über den Weg der Lebensklugheit und der Tugenden. Wir sind nur generationenabhängig als ungestüm Jugendliche achilleisch die Extreme suchend, uns der Gefahr aussetzend, eher ein glücklich kurzes denn ein langes fades Leben zu haben. Da ist Glück nicht gerichtet auf Lebensglück, gesehen im Fazit, in der Rückschau, in der Bilanz als Summe der über die Lebensspanne hin verteilten Glücksmomente, als Gesamtheit der gezählten heiteren, eben der glücklichen Stunden. Erst im Zuge des Reifens, des Alterns, des Überblicks über eine lange Spanne des Lebens beginnt das Umwerten, werden auch Unglücksmomente in den Wert der Stärkung für ein Glücklichsein als das erkannt, was als Lebensglück gilt.

Aus dieser uns vertraut hoffenden Sicht lässt sich jener *Marc Aurel* in seinen *Selbstbetrachtungen* vernehmen und sich lesen, als könnten sie jedem von uns in den Sinn kommen nach leidigen oder stärkenden Erfahrungen, wenn wir aus Widerständen, vielleicht in Niederlagen und im Streit mit anderen dennoch Kraft gewinnen und uns auf das Grundsätzliche im Leben besinnen wollen. Das kann der Augenblick sein, da wir zu uns selbst Weisheitssprüche sagen, kaum anders als ein *Marc Aurel*, wenn er sagt, nicht darüber grübeln, was andere von einem denken und meinen, keinen Argwohn hegen gegen andere, von ihrer guten Absicht ausgehend, einfach bis zum Beweis des Gegenteils guten Willens und aufrechter Gesinnung sein, auch eigene Gedanken rein und frei von Bosheit halten, so dass sie jeder erfragen könnte. Man bedenke, dass Menschen, die in Hader und Zwist gelebt haben, am Ende auch nur Asche geworden seien. Sich mit denen in Gemeinschaft fühlen, die im Einklang mit der Natur leben, handeln und Pflichten erfüllen mit Blick auf das Gemeinwohl aller, auf die innere Stimme hören, nicht tun, was innerlich zuwider ist, nicht sich verstellen, sondern meiden, was dazu führt und nicht tun, was in Abhängigkeit geraten lässt, was einen selbst im Vorausblick schon sein Wort brechen lässt.

Der Mensch solle sich erleichtern im Wissen, dass alles Schicksal heißt, was er selbst nicht bestimmen und ändern kann. Der Mensch lebe nach dem Prinzip, immer das Bessere vor dem weniger Guten zu wählen, das Höhere statt des Niedrigeren, er solle sich eingestehen, dass Reichtümer und Sinnengenuss auch Joch sein können, die Angst vor ihrem Verlust nur erhöht. Der Mensch bleibt ein Bettler, solange er die Reichtümer nicht in sich selbst trage. Und man bleibe ein Fremder in der Welt, so man nicht ihre Zusammenhänge kenne, die eigene Urteilskraft stärke – zu ergänzen wäre aus heutigen Erklärungsmustern, die Zusammenhänge erkennen auf gegenwärtiger Erkenntnishöhe handeln. Und *Marc Aurel* weiter: Der Mensch solle nur wählen und daran festhalten, was zur inneren Souveränität beiträgt, sie stärke. Und wenn die Glückslehre die Physis als nicht nur glücks-, sondern auch unglückbringendste Quelle bezeichnet, als das Gefängnis des Körpers, so ist der zeitlose wie bescheidene, sicher auch etwas zu leichthin gegebene Rat, die physisch-begrenzende Bedingtheit des Körpers ohne Sorge zu ertragen. Selbst ein Aus-der-Welt-Scheiden wie alles andere auch, soll der Mensch in Anstand und Ehre und im Wissen ertragen, dass alles unvollendet ist, in welchem Alter auch immer, ob in jungen oder späten Jahren.

Und wenn in modernen Glückslehren geraten wird, Ruhe zu suchen an einsamen Stränden, weitab auf Bergeshöhen und in tiefen Tälern, so sagt *Marc Aurel*, dass es doch keinen ungestörteren Aufenthalt gebe als in sich selbst, in seiner eigenen Seele, mehr noch: In sich selbst den Kosmos suchen, der auf Vernunft und Ordo gebaut ist. So ist ja auch alles Entstehen, Wandel und Zerfall. Und wenn die Welt ein Durcheinander sei oder von einem Ordo gelenkt werde, was habe ich in ihr zu wünschen, da ich mich darein fügen muss? Der Tod kann da nur noch eine Erlösung aus all den Widersprüchen des Lebens sein und so solle man sich, *Marc Aurel* folgend, um die Zukunft keine Sorgen machen. Man wird zu ihr gelangen, wenn es Zeit ist – schön gesagt – und zwar im Besitz der gleichen Vernunft, die dir auch jetzt in der Gegenwart zusteht. Immer wieder beschwört *Aurel* die Vernunft als Richtmaß, innerhalb deren Gesetz und Wirken auch der Mensch und mit ihm nicht anders als die Natur selbst eingeschlossen ist.

Und was dem Verlauf der Natur entspringt, darf man dem Göttlichen nicht zum Vorwurf machen. Würde man aber (vollkommen) naturgemäß leben, wäre man kein Fremder in der Welt. Doch auf der Ebene des Praktischen wird *Marc Aurel* geradezu modern, wenn er in Buch V seiner *Betrachtungen* den Rat gibt, eine Haltung zum Leben wie Sportler einzunehmen, Schläge fair auszugeben oder zu parieren, wie von einem Sportler erwartet, keinen Argwohn und Hass zu empfinden, wenn ihm ein Gegner den Sieg abringt. Und weiter gehört zum aurelianischen pragmatischen Rat, als ein mit Vernunft ausgestatteter Mensch, doch auch der tierlichen, im damaligen Verständnis vernunftlosen Kreatur, hochherzig und großmütig zu begegnen. Denen, die glauben, einen Kampf zwischen Tier, und bringe es Tonnen auf die Waage, und Mensch rechtfertigen zu können, sei es ans Herz und den Verstand gelegt, dass es keinen Kampf zwischen Tier und Mensch gibt, der bedenke auch mit *Marc Aurel*, dass Kampf Gleichrangigkeit voraussetzt und gerade in den Verstandeskräften es zwischen Tier und Mensch keine Gleichrangigkeit geben kann.

Und *Marc Aurel* weiter in Buch III seiner *Betrachtungen* und im zeitlosen Erkennen, dass der Mensch sein Glück nur in der Einsicht daraus ziehe, dass er ja nur im jeweiligen, also gegenwärtigen Augenblick, nicht im zukünftigen oder vergangenen lebe. Aller Nachruhm ist doch auch nur bei Menschen, deren Leben endlich ist. So solle also der Mensch sich auch nicht richten nach dem passageren Urteil anderer. Anschaulich vergleicht *Marc Aurel* einen der großen Helden antiker Geschichte, Alexander den Großen, mit dessen Pferdeknecht, die beide einst im Tod in den gleichen Zustand gesetzt, in denselben Kosmos zurückgeholt werden. Und der Tod sei – so stoisch dies in Buch VI auch klingt – wie eine Erholung aus Widersprüchen sinnlicher Wahrnehmung, aus der Herrschaft unserer Triebe und aus unablässigem Grübeln. *Marc Aurel* schließt *in summa* (in Buch III) seiner Glückslehre, gelassen seinen Weg zu gehen, das ist wohl die höchste Glücksformel, die zu finden ist, denn „dann wirst du glücklich leben, und niemand ist, der dir dieses Glück streitig machen könnte".

Das Phänomen des Glücks sei noch einmal relativiert am Beispiel genau jenes Meisters der Glückslehre, wie er in obigem Kapitel zu Wort kam. *Marc Aurel* nämlich, der Stoiker. Er selbst ist nämlich Beispiel dafür, dass das Glück und die Weisheit, es zu erkennen, seine Wege zu wissen und zu weisen, es dennoch nicht vermag, über sich hinaus in die Erleuchtung zu führen: Auch der Weise ist nämlich in der je eigenen Zeit verhaftet und im Zirkel des Augenblicks kreisend. Die je erreichte Erkenntnishöhe bleibt im begrenzten Raum des darin von Weisheit und Glück Beschenkten, übersteigt ihn nicht. Historisch, biographisch erfahren wir bei *Marc Aurel* vom Vernichten einer neuen Glückslehre, einer Lehre der Werte, die gar dem Glück am nächsten steht, der christlichen nämlich als die der Liebe und des persönlich innigen Glaubens. Und so war es nicht allein der um die Mitte des zweiten Jahrhunderts lehrende große frühchristliche Apologet *Justin*, der Aurels Christenverfolgung zum Opfer fiel. Schon ein Brückenschlag zwischen griechisch-stoischer Philosophie und christlicher Lehre war zu viel der staatsgefährdend scheinenden Verfehlung und des Todes würdig. Justin der Märtyrer, nannten ihn die Gläubigen. Justins Anruf an die Stoiker war noch nicht angekommen in römischer Staatslehre und wohl auch nicht bei *Marc Aurel*, dass römisch-heidnischer wie christlicher Glaube doch einen gemeinsamen Schöpfer des Kosmos ehren, an ein Weiterleben der Seelen glaubten, an „die Bestrafung des Bösen, der Belohnung des Guten durch ein glückseliges Leben".

Marc Aurel steht als Beispiel für alles, was im Zusammenhang der Glückssynthese gesagt wurde.

Glück ist allein im Innenraum des Menschen. Glück ist nicht Ausgangspunkt, sondern Ergebnis. Im Ereignis des Glücks bleibt der Betroffene in all seinen Defiziten und Irrtümern. Es bringt keine Weisheit hervor, noch wird sie gesteigert, doch Weisheit ist wie die Tugenden in je individueller Ausprägung da auf vorbereitenden Bahnen und erhöht die reflexive Weite um das Glücksereignis herum. *Marc Aurel* steht stellvertretend als Beispiel dafür, wie jeder von uns ein Glücksbefähigter zu sein, der im größten Unglück noch das kleinste Quantum Glück in sich entstehen lassen kann, aus nichtigstem Anlass, aus bescheidenster Haltung, nach größter Schuld, nach größtem Verderben, nach heroischstem Bemühen, wenn Einzelne positiv empfundene Gefühle übergehen in eine Synthese, die der Mensch nicht anders zu benennen weiß als Glück.

Geben wir einem das Wort, der den ganz irdischen, für uns heute fast zeitgeistlichen Ansatz gewählt hat, der Glück ohne Überhöhung, ohne Transzendierung, ohne himmelwärts gewandten Blick ganz situativ, aus täglichem Leben in Einzelgefühle zerlegt und mit Gelassenheit die kleinen, das Glücklichsein vorbereitenden Bedingtheiten in folgender Aufzählung nennt:

Glück von Clemens Brentano

Glück ist gar nicht mal so selten
Glück wird überall beschert,
Vieles kann als Glück uns gelten,
was das Leben uns so lehrt.
Glück ist jeder neue Morgen,
Glück ist bunte Blumenpracht,
Glück sind Tage ohne Sorgen,
Glück ist, wenn man fröhlich lacht.
Glück ist eine stille Stunde,
Glück ist auch ein gutes Buch,
Glück ist Spaß in froher Runde,
Glück ist freundlicher Besuch.
Glück ist niemals ortgebunden,
Glück kennt keine Jahreszeit
Glück hat immer der gefunden,
der sich seines Lebens freut.

Literatur

Einige bedeutende Autoren und Schriften als Wegbereiter des Begrifflichen des Glücks seien nachfolgend genannt und in kurzer Charakterisierung auf das Thema hin pointiert.

Augustinus, Aurelius: Der Gottesstaat (3. Bd., Buch XVI-XXII, Otto Müller Verlag, Salzburg 1953). Augustinus gewaltiges Werk ist durchzogen von der Frage nach dem wahren Gott als einzige Quelle des Glücks (als der *felicitas*) für den Staat. Die falschen Götter seien es, die Unheil bringen. Das Ausmaß des Römischen Reichs sei nicht den falschen Göttern, sondern allein dem einen Gott zuzuschreiben, denn allein der „wahre Gott" ist der einzige „Urheber jedes Glückes", also auch das des Staats (S. 440). Im zehnten Buch spricht Augustinus darüber, dass nur „der eine Gott", der christliche also, „wahre Glückseligkeit" zuteile. Augustinus erkennt Glück als von außen an den Menschen herangeführt, von Gott als Gnadenerweis den Menschen erfüllend. Glück sieht Augustinus aber nur ermöglicht auf der Grundlage der Erkenntnis der Wahrheit. Als Konsequenz ist vollkommenes Glück also nicht erreichbar, weil Glück nur auf der Grundlage der Wahrheitserkenntnis möglich ist. So gibt Augustinus ein Beispiel dafür, dass sein Glücksbegriff wohl weniger „modern" ist, als jener bei Seneca und Marc Aurel, die zwar die Götter mächtig sein lassen im schicksalhaften

Wirken, dennoch Natur zum Geschehensort für das Glück sehen und das Glückswirken vor allem innerhalb der Seele, modern gesprochen, der Psyche, entstehend erklären. Glück ist, so Augustinus, gebunden an die „Seligkeit des Gerechten". Eine Widersprüchlichkeit zum Glücksbegriff unter dem Aspekt eines von außen zugemessenen Gnadenmoments liegt aber in Augustinus „modernem" psychologischen Bekenntnisbuch, den *Confessiones*, und seiner zum Ausdruck gebrachten Sicht vom „freien Willen" (Thema auch seiner „Theologischen Frühschriften vom freien Willen und von der wahren Religion", Artemis, Zürich und Stuttgart 1962) – dazu gehört auch, dass die „Ursache der Sünde im Willen des Geschöpfs" und die aristotelisch, *empirisch* klingende Einsicht, dass es in der Natur keine bösen Dinge gebe. Augustinus lässt den Gottesstaat in den himmlischen münden mit einem *christlichen Volk* aller Generationen der Menschheit und als *Mitbürger des Heiligen* in der Hoffnung auf Friede und ewige Glückseligkeit (im 19. Buch).

Barrow, R.H.: Die Römer (Kohlhammer, Stuttgart 1960). Neben den Griechen gehören die Römer und parallel dazu die frühen christlichen Kirchenväter zu den drei Ur-Quellen, die dem Begrifflichen des Glücks philosophisch-religiösen Ausdruck gegeben haben. Barrow arbeitet in seiner kompakten Darstellung des römischen Reichs das Spannungsverhältnis zwischen Staat, Religion und Tugenden heraus: Der römische Staat gilt als die Gesamtheit der *institutiones* und der *leges*. Sodann ist Wesensteil des Staates die Religion als Reich des *ius divininum* und sind es die Tugenden, die in den Sitten als den *mores* viele ihrer Begründungen finden. Zu den öffentlichen, staatsorientierten Tugenden sind es die *virtus* im Sinne der Anerkennung der *auctoritas*, sodann die *fides* als Treue zu Staat und Kaiser, und die *severitas* als Strenge gegen sich selbst, die *constantia* als der Beständigkeit, die *pietas* als der Frömmigkeit und Ehrfurcht vor allem Höheren. In Ergänzung dazu stehen Tugenden, wie sie im stoischen Sinne der *humanitas*, besonders bei den Altmeistern des Glücks eines Marc Aurel oder eines *Seneca* den Weg zur *felicitas*, dem Glück, finden sollen. Bis in unsere Zeit haben diese Tugenden nichts an Bedeutung für alle Art von Glücksforschung verloren.

Bauer, Fritz: Auf der Suche nach dem Recht (Franckh'sche Verlagshandlung, Stuttgart 1966). Wie bei Schilling (s. unten), so steht auch bei dem engagierten Juristen Fritz Bauer, besonders aber in ethischer Verpflichtung, das Recht als Beziehungsgröße zu Gott, zum Staat und zwischen den Menschen im Mittelpunkt. Herauszuheben sei im vorliegenden Zusammenhang Bauers Hinweis darauf, dass jede Rechtsregel bzw. Rechtsentscheidung über mehr als einen Menschen von einem schematischen Menschen ausgehen muss. Da wir Glück im hier aufgezeigten Verständnis als intrapersonales

Geschehen sehen, kann also positiv gesetztes Recht nicht das Glück des Einzelnen berücksichtigen. Darin liegt die Erfahrung, dass positives Recht, gewissermaßen Buchstabenrecht, ungerecht sein kann, solange es nicht an einem naturrechtlichen Wert wie dem der Würde (in der amerikanischen Verfassung, dem des *Persuit of happiness*) gemessen wird.

Brandenstein, Bela Freiherr von: Grundlegung der Philosophie (1. Bd., Anton Pustet Verlag, München 1965). Ein Werk für den Nicht-Mathematiker zwischen Faszination und Kapitulation im Blick auf eine geradezu gnadenlose Logik. Im Raum der Abstraktion und Begrifflichkeit von Ähnlichkeit und Identität, Form und Verknüpfung, Gehalt und Gestalt, Individuum und Gattung, Wahrheit und Urteil erscheint die reale Welt und ihre Widerständlichkeit so weit entfernt, dass elysische Reinheit den Zustand eines Ähnlichkeitsgefühls mit dem Glück zu erreichen vermag.

Bühler, Charlotte: Der menschliche Lebenslauf als psychologisches Problem (Hogrefe, Göttingen 1959). Eine wegweisende Studie als Überblick über lebensbestimmende Faktoren in der Entwicklung eines Menschen. Bühler beschreibt die Entwicklungsstufen von vitalen Reaktionsabläufen der Kleinkindphase bis zu Reife- und Altersphasen, gekennzeichnet von *Introspektion, Selbstverewigungswünschen, Selbstbestimmung* und *Glück* als „Erfüllung erhoffter und angestrebter Ziele und

Werte". Für unsere Betrachtung des Glücksphänomens ist eine Miteinbeziehung solcher bei Bühler kompakt zusammengeführten konstitutiven Faktoren unverzichtbar.

Caute, David: Die Linke in Europa (Kindlers Universitäts-Bibliothek, Kindler, München 1966). Die Kapitel des Buches geben einen eingängigen historischen und ideengeschichtlichen Überblick über politische Bewegungen, Konzepte, Programme, Theorien seit der Französischen Revolution, die so gut wie frei sind von Politik-, Gesellschafts- und Staatsauffassungen monarchistisch-dynastisch-konservativer Prägung. Im Mittelpunkt stehen die führend gewordene − unter dem parlamentarisch-topographischen Begriff der *Linken* zusammengefasst − sozialistischen Bewegungen. Ausgangspunkt der Linken lag zunächst nicht im Pragmatischen, sondern im Wertebereich, innerhalb dessen das Glück als Maximalwert besonders hervorragt und aus dem heraus oft genug das Reich utopischer Ideen betreten wurde.

Freyer, Hans: Theorie des gegenwärtigen Zeitalters (DVA Stuttgart 1955). Freyer war ein vielbeachteter Pionier unter den Soziologen, der visionär die Folgen technischer Entwicklung für die Gesellschaft erkannt und beschrieben hatte. Die Folgen sieht er in der Beschleunigung des Lebens, der immer schneller aufeinander folgenden Produktionszyklen, sieht er in verändertem Verhalten hinzugewonnener

Freizeit, im „Betrug" an der Natur, in der „Entrech-
tung der Natur und ihrer Bestandshaftigkeit", und
kritisiert, dass der Mensch sie ausbeuterisch utilitär
vereinnahmt allein für seine eigene Wohlstands-
welt. Freyer analysiert die kommende Zeit auch unter glücksrelativierenden Begriffen wie Entsinnli-
chung, Entwertung, Verobjektivierung, Verlust des
Bodenständigen in der Arbeitswelt, eine Konsum-
welt, die vom Bedarf abgespalten wird und erkennt
mit alldem auch die Veränderung der Sozialisierung
in Gemeinschaft und Gesellschaft und – über Freyer
hinaus assoziierend: die Veränderung von Glücksvorstellungen.

Fromm, Erich: Die Furcht vor der Freiheit (Stein-
berg-Verlag, Zürich 1945; dtv 1990). Wiewohl die
auch für das Glücksphänomen bedeutende grundsätzliche Freiheitsproblematik im Sinne der Willensfreiheit, nicht im Fokus steht, so eröffnet doch
Fromms grundlegendes Werk entlarvende Aspekte
der Bedingtheiten und Folgen als vorbereitende
Konstituenten des Glücks. Angeführt wird der ur-
scholastische Ansatz von Freiheit in *Thomas von
Aquins* Diktum: der Mensch ist frei – im Sinne des
freien Willens, sich im missgeleiteten Glücksstreben auch gegen Gott und für das Böse und also für
das Glückszerstörende zu entscheiden. Zunehmend
verstärkt sich mit allen Konsequenzen für das
Glücksstreben der Freiheitsaspekt bei Luther, bei
Calvin und dessen Lehre „ohne Liebe", sodann die

Machtverschiebungen vom Religiösen zum Weltlichen, vom Kirchlichen zum Staatlichen, von Jenseits-Offenbarung zu diesseitiger Aufklärung, Technik und Wirtschaft totalitär oder demokratisch verfasster Massengesellschaften. Utopie bedeutet für Fromm: „alle Freiheitsfeinde" vernichten. Fromm erkennt und beschreibt wie Freyer (s. dort) in herleitender Weise die Folgen sozio-ökonomischer Entwicklungen für den heutigen Menschen und die veränderten Formen (ohne direkte Begriffsnennung) seiner Glücksfindungen.

Guardini, Romano: Tugenden. Meditationen über Gestalten sittlichen Lebens (Werkbund-Verlag, Würzburg 1963). Guardini erblickt die Tugenden aus christlicher Perspektive. Aus angewandten Tugenden, wie Geduld, Dankbarkeit, Selbstlosigkeit, Schweigen, Güte, Mut, Askese entsteht Haltung der Person, aus ihr formt sich Persönlichkeit. Im Hinzukommen von Ehrfurcht dem Heilig-Göttlichen gegenüber entsteht christliche Haltung und auf ihr ruht der Segen Gottes. Im Sinne der *beatitudo*, so Guardinis Tugend-Ansatz, liegt das Glück des Gesegnetseins durch Gott.

Heer, Friedrich: Sieben Kapitel aus der Geschichte des Schreckens (Max Niehans-Verlag, Zürich o.J.; 1957) Diese Schrift des seinerzeit vielgelesenen Kulturhistorikers führt wie wenige besonders anschaulich Beispiele glückszerstörender Lehren und Ideologien, seien sie religiös oder politisch, zusammen.

Von Gottesfurcht, dem *timor dei*, von Endzeitschrecken, von Aberglauben Getriebene verfallen utopischen Heilslehren, Sektenglauben und Erlösungsbotschaften und folgen gnadenlosen Führern. Der Autor zitiert Calvins Ausspruch, dass Glücksschwäche die Schwäche im Glauben an Gott sei. Im Weiteren geht Heer auf römische Inquisition bis hin auf in Schrecken endende Utopien, darunter jener in einem von Cromwell ausgerufenen Gottesstaat.

Japsers, Karl: Über das Tragische (Piper, München 1961). Japsers sieht die Gewalt des Tragischen als ausweglose Unglück in absteigender Kurve vom Altgriechischen über das Christliche bis hin zur Aufklärung. Die ursprüngliche Sinndeutung von Tragik eröffnet sich in den Tragödien. In ihnen ist Tragik ein Zugrundegehen, ein grundsätzliches Schuldig-Werden und Scheitern im Kampf mit dem Unentrinnbaren des Schicksals, der Unergründlichkeit der Wahrheit. Im Augenblick geoffenbarter Wahrheit, im Ausblick auf Erlösung, wie sie das Christentum verkündete, verliert die Tragik ihr Wesen. Das Tragische ist universal und kennt keine Glückseligkeit. Mit dem Aufbegehren des Menschen gegen die Götter, erstmals ein Charakteristikum bei Euripides, und mit der Bildung der Polis als Rechtsgebilde und dann dem christlich-eschatologischen Weltbild wandelt sich Wesen und Absolutheit im Begriff der Tragik, steht aber immer synonym für Unglücksgeschehen eines schuldlos Schuldigwerden. Wenn, um Jaspers Tragik-Begriff zu beherzigen und bezogen auf heutigen unpräzisen Sprachgebrauch, von einem tragischen Verkehrsunfall gesprochen wird, dann ist damit wohl allein die Trauer gemeint über einen unerwartet tödlichen Ausgang im Verlauf eines Geschehens.

Marc Aurel: Selbstbetrachtungen (Insel-Verlag, Frankfurt am Main 2008). Kaiser und Philosoph, ganz wie es Plato als Ideal eines Repräsentanten der Staatsführung sah. In Marc Aurel hat sich beides verbunden. Mit Seneca repräsentiert Marc Aurel die römische Stoa und konnte die Ernte stoischer Philosophie einbringen. Seine Betrachtungen kreisen um das Bemühen, Stimmigkeit zu erreichen zwischen äußerem Naturgeschehen und ihren unveränderlichen, nach immer gleichen Gesetzen sich vollziehenden Gesetzen und der inneren entscheidungsfreien Natur des Menschen. Glück in diesem Spannungsverhältnis erreicht der Mensch dadurch, Einsicht, Harmonie und Gelassenheit darin zu finden, dass er seine innere Natur immer weiter den Gegebenheiten der äußeren von durchgängiger Vernunft geleiteten Allnatur annähert.

Meyer, Hans: Abendländische Weltanschauung. Band II -- Vom Urchristentum bis zu Augustin. Band III – Die Weltanschauung des Mittelalters (Schöningh, Paderborn-Würzburg 1952 und 1953). – Ein umfängliches und grundlegendes Werk, das den Brückenschlag bildet zwischen Antike und Christentum. Eine fundamentale Darstellung darüber, wie der Monotheismus den Gedanken der Einheit der Menschheit gründet, geradezu in die Welt bringt. Ein Werk auch darüber, wie im christlich sich entwickelnden Gedankengut erstmals eine Gesinnungsgemeinschaft entstanden ist, eine Weltreligion entstehen konnte, wie antike Vorstellung vom zyklischen Weltenlauf in den christlichen Lauf der Geschichte als Entwicklung, als Fortschritt übergeht. Aus christlicher Sicht erst kann der Mensch der Erlösung entgegen sehen, ein Ausweg finden aus dem ewig Gleichen, dem glücklos tragisch Unentrinnbaren, wie es die griechische Tragödie in Szene gesetzt hat. Doch auch in der germanischen Mythenwelt ist keine Entwicklung. Beide Mythenwelten, die griechische wie die germanische, werden hinter sich gelassen sowohl durch den aristotelischen Ansatz des empirischen Forschens und Erkennens der Natur als auch durch die mitteleuropäisch christlich-scholastisch geprägte Bildungswelt seit Kirchenväterzeiten, also besonders seit Augustinus.

Noelle-Neumann, Elisabeth: Politik und Glück. Ein Versuch. Sonderdruck aus Freiheit und Sachzwang, Beiträge zu Ehren Helmut Schelskys (Horst Baier, Hrsg., Westdeutscher Verlag 1977). Glück wird im Kontext soziologischer Forschung nicht vom Begrifflichen her befragt, sondern begrifflich pauschal im Sinne von Wohlbefinden und Zufriedenheit als gesellschaftlich konforme Begrifflichkeit auf seine sozio-ökonomischen Komponenten hin empirisch untersucht. Glück dient als Oberbegriff und Zielgröße. Der Grad von Glück wird an subjektiv empfundener und bekundeter Intensität durch Zerteilung in Einzelkategorien, Werte, Ausprägungen, Zufriedenheitsskalen gemessen. In Zusammenhang mit der Relativität von Glück präzisiert die Studie die glücksvorbereitenden Elemente und Bedingungen wie Wohlstand, Einkommen, Gesundheit oder allgemein politische Verhältnisse etc. Glücksforschung dieser Art gewann zunehmend an Relevanz für Konzepte, Erkenntnisse, Schlussfolgerungen auf den Feldern Arbeit, Soziales, Politik (zur Bedeutung, die dem Glücksphänomen beigemessen wird, zeigt die Internetpräsenz unter dem Sammelbegriff Glücksforschung, darunter etwa 2014 unter dem Stichwort gluecksdetektiv.de/glueck-und-politik).

Platon: Sämtliche Werke (Rowohlts Enzyklopädie 1957ff) Bei diesem vornamenlosen Philosophen sind geradezu Person und Werk zur Identität gelangt. In Platons, die Lehren des Sokrates aufnehmenden Schriften hat der Glücksbegriff seine erste Kontur erfahren. Aus den Dialogen seien die wesentlichsten Aussagen aufgezählt, die den Glücksbegriff so überraschend zeitlos erfassen. Das dialogische Prinzip (nämlich in Gegenrede gegen die Rabulistik von Vertretern der Sophistenschule), dem Platon seine Begriffe unterwirft, kommt auch der Konturierung des Glücksbegriffs zugute. Allein die ketzerische These (des Sophisten *Thrasymachos* in der *Politeia*), dass der Ungerechte ein glücklicheres Leben führe als der Ungerechte, zwingt zur Schärfung des Begriffs. Die Idee des Guten wird in Verbindung zur Gerechtigkeit gebracht mit der Schlussfolgerung, dass allein der Gerechte glücklich sein könne, weil er in Einklang mit der Harmonie stehe und weil die Vernunft grundsätzlich das Gute anstrebe. Im *Protagoras-Dialog* wird in sokratischer Überzeugtheit von der Lehrbarkeit der Tugend gesprochen. Und im *Gorgias-Dialog* darüber, wie gelebt werden soll, leuchten erste stoische Haltungen auf, wenn gesagt wird, dass das Glück des Menschen darin besteht, nicht lange, sondern gut im Sinne des tugendhaft Guten zu leben.

Rudin, Josef: Fanatismus. Eine psychologische Analyse (Walter-Verlag, Olten und Freiburg 1965). Wie Neid (s. unten: Schoeck), so ist Fanatismus eine Einzelhaltung und individualpsychologischen Ursprungs. Während aber Neidmotive verbunden sind mit Glücksminderung beim Beneideten, sieht der Fanatiker seine Ziele geradezu zwanghaft gerichtet auf eine Art monomanischer Glücksübertragung auf den anderen. *Fanum*, so erklärt Rudin, ist das Heilige, der Fanatiker wähnt sich als Heilbringender. Weil das Heil immer im Lichte der Wahrheit ist, so glaubt sich ein Fanatiker auch im Besitz der Wahrheit. Er steht außerhalb des Tugendsystems, weil er

Werte, zumindest aber ihre Rangfolge nicht erkennt.

Schilling, Werner: Religion und Recht (Kohlhammer, Stuttgart 1957). In diesem Basis-Text wird in besonders klarer Weise der Beziehungszusammenhang zwischen Religion und Recht herausgestellt, Schilling macht deutlich, wie sehr das Verhältnis Gott-Mensch auch ein Rechtsverhältnis war. Recht und Heil stehen im Verhältnis zueinander, so wie Unrecht und Unheil aufeinander bezogen sind. Deutlich wird auch die Parallele gezeigt zwischen Gott als oberster Rechtsschöpfer für die Menschheit und königlichem Herrscher als oberster Rechtsschöpfer für sein Volk, beide im Sinne der Repräsentanten des Rechts. Im Konkreten war Rechtsordnung auch Sakralordnung, geprägt von Ritus, Rang und Rechtsprechung. Das Ideal lag darin, das Glück des Herrschers sich wiederspiegeln zu sehen im Glück des Volkes. Schilling weist auch aufschlussreich darauf hin, dass Glück und Unglück, Heil und Unheil im Christlich-Monotheistischen stärker und intensiver ausgeprägt sind, als in fernöstlichen Religionen, die nicht dominiert sind von aktivem Glücksbegehren.

Schmidbauer, Wolfgang: Mythos und Psychologie (Ernst Reinhardt-Verlag, München Basel 1999). Die Untersuchung ist eine hervorragende psychologisch-fundierte Deutung des Mythos als Phänomen, das im ideengeschichtlichen Prozess zunehmender

Entmythologisierung ausgesetzt wurde: Mythische Erklärungsmuster der alten Kulturen werden als Entlastungsmuster gedeutet. Mythos herrsche, wenn „subjektive Deutung objektive Macht" erlange. Mythos ist aber auch Selbsterhöhung im Ritus und das Bannen von Unerklärlichem und angsterfülltem Erlebnis in Bildern und Gestalten. Im Zuge aufklärerischer Entmythologisierung bis heute landete der Mythos gewissermaßen im Fundus von Dichtung und Psychoanalyse. Der „Alltagsmensch" von heute will keine Spekulation, sondern Gewissheit, will keine glücksbedrohende Dämonen, sondern – als Fazit gesagt – glückssichernde Klarheit.

Schoeck, Helmut: Der Neid. Eine Theorie der Gesellschaft (Karl Alber, Freiburg/München 1966). Die Herausarbeitung einer Negativseite im Kontext des Glücks unternimmt der Autor aus soziologischer Sicht. Im Fazit gilt die Untugend des Neids als Missgunst gegen das Glück des anderen. Schoeck gibt Beispiele, wie Neid auch in verschiedenen Ethnien Anlass ist zur Verwehrung des Glücks oder dem Wirken auf Glücksminderung hin beim Beneideten. Neid umfasst nicht allein zwischenmenschliche Verhältnisse, sondern ist auch Konfliktauslöser zwischen Gemeinden von Dorf oder Sippe, zwischen Volksgruppen oder Ethnien, religiösen Gemeinschaften und auch zwischen Staaten. Ein Wirken hin auf Erfolgs-, also auch Glücksminderung erstreckt sich von Schadenfreude, Vorteilsverhinderung,

Gleichschaltung innerhalb der Gesellschaft, Übel-wollende Magie, Konformismus-Druck. Da Glück als innerpersonales Geschehen primär keine soziologi-sche Dimension hat, so hat aber Neidverhalten auf Gemeinschafts- oder Gesellschaftsebene oder gar zwischen Ethnien insoweit Glücks-Relevanz, als es Auswirkung auf den je Einzelnen erlangt. Ein schö-nes Detail ist Schoecks Hinweis auf den Neid unter den Göttern der Antike und der Götter gegen hel-denhafte Vertreter der Menschen in polytheisti-schen Religionen. Er findet sein Ende im christlich-monotheistischem Verständnis einer völlig neidlo-sen Gott-Mensch-Beziehung hin auf Heil und Glück-seligkeit. Die Frage ist Antwort selbst: Wie kann auch der Schöpfer Neid gegenüber seinem Ge-schöpf zeigen.

Seneca, Lucius Annaeus: Vom wahren Leben (Hrsg. A. Th. Lang) (Bertelsmann, Gütersloh 1958) und „Vom glückseligen Leben. Auswahll aus seinen Schriften" (Kröner-Verlag, Stuttgart 1956). Der Alt-meister der Glückslehre schlechthin. Ein Klassiker des Themas. Als Vertreter der Schule der Stoa hat Seneca einen zeitlosen Ansatz gefunden, eine „mo-derne" bis zur Heutzeit verwend- und verwertbare Handlungsanleitung. Essentielle Sichtweisen auf das Leben, die geradezu selbstverständlichste Wahrheiten äußern. Das Besondere bei Seneca und der Stoa allgemein ist aber die Verbindung von Ein-sicht in die Vorgänge der Natur und schlussfolgern dem Handeln für das Erreichen eines sprichwörtlichen glückseligen Lebens. All das, was heutige Glückslehren zum Prinzip machen, ist mit und seit Seneca ein Anliegen. Also nicht allein von der Unvollkommenheit wissen, sondern die Konsequenz daraus im täglichen Handeln zu ziehen, sei es die der Bescheidenheit, der Demut, der Nachsicht; dass alles Eigentum nicht auf ewig im eigenen Besitz sei mit der Konsequenz, nicht an ihr zu hängen, es als *geliehen* betrachten, auch weil es wie von der Natur *geschenkt* wurde. So hält Seneca auch das Geschick unwägbar mit der Konsequenz, Gleichmut in sich zu bilden. Schier unerschöpflich im Hinblick auf glücksvorbereitende Anleitungen für ein Leben in Gelassenheit und Gleichmut (*de tranquili-tate animi* oder der *constantia*), bietet Seneca in seinen Schriften über „Die Kürze des Lebens" (*De brevitate vitae*), wörtlich auch „Über das glückliche Leben" (*De vita beata*), sodann in seinen Trost-schriften und Briefen an Lucilius über Ethik (*Epistulae morales ad Lucilium*) dokumentiert in Werkausgaben im Deutschen Taschenbuch Verlag und bei Reclam.

Spinoza, Benedict de: Die Ethik (Philosophische Bibliothek Bd. 92, Meiner-Verlag, Hamburg 1955). Spinoza ist ein Pionier in der Findung der Zusammenhänge des Naturnotwendigen und seelischer Ausprägungen. Erfassen der Natur ist „Gipfel des Glücks". Geschehen verstehen, Bewusstwerden auch affektiver Vorgänge, Ethik der Selbsterkenntnis. Aus Erleiden, aus Unglück heraus also, führt das Tätigwerden, die actio. Je begreifender der Mensch ist, desto wirklicher wird die Welt für ihn. Das Prinzip des Vollkommenen wirkt auf jeder Stufe der Natur. So entsteht für Spinoza das Glück nicht nur in finaler Vollkommenheit, sondern im ständigen in Freude und Liebe und somit auch als ein in Glück übergehendes Erfassen der Natur.

Zaehner, Rober Charles: Mystik religiös und profan – eine Untersuchung über verschiedene Arten von außernatürlicher Erfahrung (Klett, Stuttgart 1957) Die Studie gibt einen aufschlussreichen Überblick über die bewusst gesuchten Wege vor allem seit Meister Eckhart, als einem der Meister christlicher Mystik über die *unio mystica* bis hin zu Ernst Jünger oder Aldous Huxley und dessen, so Zaehner, missverstandenen Weg in einen über chemische Droge erreichten mystik-artigen Zustand. Deutlich wird das durchgehende Motiv einer Art „Glücksbefriedigung" im Erreichen eines „ewigen Jetzt", über eine Vereinigung mit Natur in der Naturmystik oder mit Gott in der Gottes- und Allah-Mystik auch als eine Art „Entkommen der elenden Wirklichkeit". Aspekte der Glückssuche sind in der Mystik in besonderer Intensität erkennbar.

Zeitfracht Medien GmbH
Ferdinand-Jühlke-Straße 7
99095 Erfurt, Deutschland
produktsicherheit@kolibri360.de